首都圏版⑳　最新入試に対応！　家庭学習に最適の問題集!!

東京農業大学
稲花小学校

2025年度版 過去問題集

2021～2024年度 実施試験 計4年分収録

問題集の効果的な使い方

①学習を始める前に、まずは保護者の方が「入試問題」の傾向や、どの程度難しいか把握をします。すべての「学習のポイント」にも目を通してください。
②各分野の学習を先に行い、基礎学力を養いましょう！
③「力が付いてきたら」と思ったら「過去問題」にチャレンジ！
④お子さまの得意・苦手がわかったら、その分野の学習を進め、全体的なレベルアップを図りましょう！

厳選！ 合格必携 問題集セット

図　形	Jr. ウォッチャー ❶「点・線図形」
図　形	Jr. ウォッチャー ㊺「図形分割」
巧緻性	Jr. ウォッチャー 51「運筆①」
記　憶	お話の記憶 初級編・中級編・上級編
面　接	家庭で行う面接テスト問題集

日本学習図書（ニチガク）

目指せ！合格！

家庭学習ガイド
東京農業大学稲花小学校

ペーパー　制作　行動観察　親子面接

入試情報

募集人数：男子　36名　女子　36名
応募者数：男子481名　女子398名
出題形態：ペーパー、ノンペーパー
面　　接：保護者・志願者（オンラインで実施）
出題領域：ペーパー（お話の記憶、図形、知識、数量）、
行動観察、制作

入試対策

開校5年目となる2024年度入試は、4日間（11/1～11/4）の日程で行われ、後期日程はありませんでした。応募者数は879名と、都内屈指の約12.2倍の高倍率になります。
新型コロナウイルスが第5類に移行された2024年度の入試でしたが、面接テストはオンラインで実施されました。「自宅であまり緊張せずにできた」という声もありましたが、「リラックスしすぎてふざけてしまった」という声もありました。2025年度入試でもZoomによるオンライン面接テストが実施されます。対面での面接とは違った対策が必要になってくるでしょう。
2025年度入試は、昨年度と同じく11/1～11/4の試験日程で実施されます。他校との併願をお考えの方は日程が重ならないように注意してください。今後の状況次第では、変更が生じる可能性もあります。どんな状況にも対応できるように準備を整えておきましょう。

●出願時に1,080字程度の作文が課されています。保護者の教育に対する考え方を観るためのものなので、しっかりと時間をかけて書くようにしてください。

●面接では、基本的な質問ながら、お子さまと保護者それぞれに質問がありました。この課題では、日常の親子関係やそれぞれの素の姿が観られます。ふだんの生活についても見直しておくとよいでしょう。

●当校では、例年、訂正に二重斜線を使います。試験前に指示があるので、指示通り行うようにしましょう。

●2024年度入試では、鉛筆、クーピーペン（青）を使用。筆記用具には全て名前を記入し持参します。そのほかにも、細かな持参物の指示がありますので、学校からの情報はしっかりと読みましょう。

「東京農業大学稲花小学校」について

〈合格のためのアドバイス〉

東京農業大学は、農学・生命科学分野に特化した全国でも数少ない大学であり、自然や食、地球環境など、幅広いテーマを教育・研究領域としています。東京農業大学稲花小学校は、この教育資源を活用した初等教育の実現を目指し、2019年4月に開校しました。59年ぶりに設立された東京23区内の私立小学校という話題性だけでなく、1日に7授業時数を設けることや、英語の授業が毎日あること、また体験型の学習プログラムを豊富に設けることなど、独自のカリキュラムでも注目を集めています。

ペーパーテストでは、しっかりとした基礎力が必要です。知識分野は、多くのことに好奇心を持ち、体験を通した知識を身に付けてください。また、図形や推理の分野では、図形や絵を見て特徴をすばやくつかめるよう、特に、観察力についてはしっかりと身に付けましょう。指示や設問を正確に把握する集中力は、全分野において必須です。問題練習と生活体験を連携させ、実践力を伸ばすことを心がけてください。本書掲載の問題で傾向をつかみ、学習のポイントを参考にして家庭学習を行うことをおすすめ致します。

行動観察は、指示された行動を周囲のことも考慮しながら実施することがポイントです。また、面接テスト（2024年度入試はオンラインで実施）では、お子さまの回答ばかりが採点対象ではありません。学校が観たいのは、ご家庭やお子さまの「ふだんの姿」です。小学校入試にあたって、形だけを整えるのではなく、日常生活そのものを捉え直すことが、試験対策にもつながります。

〈2024年度選考〉

- ◆ペーパーテスト
  （お話の記憶、図形、知識、数量）
- ◆行動観察
- ◆保護者・志願者面接
  （Zoomにてオンラインで事前に実施）
- ◆保護者作文（願書提出時）

◇過去の応募状況

2024年度	男子481名	女子398名
2023年度	男子512名	女子477名
2022年度	男子543名	女子419名

入試のチェックポイント

◇受験番号は…
「生年月日順（試験日ごと）」
◇生まれ月の考慮…「なし」

東京農業大学稲花小学校

過去問題集

〈はじめに〉

　現在、少子化が叫ばれているにもかかわらず、私立・国立小学校の入学試験には一定の応募者があります。入試は、ただやみくもに学習するだけでは成果を得ることはできません。志望校の過去における出題傾向を研究・把握した上で、学習を進めていくこと、試験までに志願者の不得意分野を克服することが求められます。そこで、本問題集は小学校を受験される方々に、志望校の出題された問題をより分かりやすく理解して頂くために、アドバイスを記載してあります。最新のデータを含む精選された過去問題集で実力をお付けください。
　また、志望校の選択には弊社発行の「**2025年度版　首都圏・東日本　国立・私立小学校　進学のてびき**」をぜひ参考になさってください。

〈本書ご使用方法〉

◆出題者は出題前に一度問題を通読し、出題内容などを把握した上で、〈 **準　備** 〉の欄に表記してあるものを用意してから始めてください。
◆お子さまに絵の頁を渡し、出題者が問題文を読む形式で出題してください。問題を読んだ後に、絵の頁を渡す問題もありますのでご注意ください。
◆「**分野**」は、問題の分野を表しています。弊社の問題集の分野に対応していますので、復習の際の目安にお役立てください。
◆一部の描画や工作、常識等の問題については、解答が省略されているものがあります。お子さまの答えが成り立つか、出題者が各自でご判断ください。
◆〈 **時　間** 〉につきましては、目安とお考えください。
◆本文右端の［**〇年度**］は、問題の出題年度です。［**2024年度**］は、「2023年の秋に行われた2024年度入学志望者向けの考査で出題された問題」という意味です。
◆アドバイスは、指導の際にご参考にしてください。
◆【**おすすめ問題集**】は各問題の基礎力養成や実力アップにご使用ください。

〈本書ご使用にあたっての注意点〉

◆文中に **この問題の絵は縦に使用してください。** と記載してある問題の絵は縦にしてお使いください。
◆〈 **準　備** 〉の欄で、クレヨン・クーピーペンと表記してある場合は12色程度のものを、画用紙と表記してある場合は白い画用紙をご用意ください。
◆文中に **この問題の絵はありません。** と記載してある問題には絵の頁がありませんので、ご注意ください。なお、問題の絵の右上にある番号が連番でなくても、中央下の頁番号が連番の場合は落丁ではありません。
下記一覧表の●が付いている問題は絵がありません。

問題１	問題２	問題３	問題４	問題５	問題６	問題７	問題８	問題９	問題10
							●	●	●
問題11	問題12	問題13	問題14	問題15	問題16	問題17	問題18	問題19	問題20
							●		●
問題21	問題22	問題23	問題24	問題25	問題26	問題27	問題28	問題29	問題30
									●
問題31	問題32	問題33	問題34	問題35	問題36	問題37	問題38	問題39	問題40
	●								●

(得) 先輩ママたちの声！

◆実際に受験をされた方からのアドバイスです。
ぜひ参考にしてください。

東京農業大学稲花小学校

・特徴的な、細かな点図形、マス、点のない模写など、地道な練習が必要な課題だと感じます。

・問題数が多く、時間も短いため、解き終わらなかった時、気持ちを切り替えて次に挑戦する意欲も必要です。

・問題は、どちらかというと理系の分析力が必要な内容でしたので、得意、不得意が分かれると思いました。

・集団の行動観察は、男の子４人と女の子１人でした。女の子は、男の子と対等に意見を言えることも必要だと思いました。

・荷物の指定が細かく、出し入れも観られています。そこまで含めて、練習や準備をした方がよいと思います。

・説明会はオンラインで行われました。直接学校を訪問できるのが、学校見学のみなので、必ず参加した方がよいと思います。子どもも参加できるので、連れて行くと、子ども自身も学校のイメージを掴みやすいです。

・保護者作文は重要です。保護者の学校への姿勢、職業観が観られていると感じました。コピーをとっておいて面接で答えられるようにした方がよいでしょう。

・日頃から、お子さまの興味を中心に、季節の行事や体験を家族でたくさん共有されるとよいと思います。

・集合時間の30分前に開門されたので、トイレは学校に入ってからでも間に合うと思います。

◎学習効果を上げるため、前掲の「家庭学習ガイド」及び「合格のためのアドバイス」をお読みになり、各校が実施する入試の出題傾向を、よく把握した上で問題に取り組んでください。
※冒頭の「本書のご使用方法」「ご使用にあたっての注意点」も併せてご覧ください。

2024年度の最新入試問題

問題１　分野：お話の記憶

〈準備〉　クーピーペン（青）

〈問題〉　お話をよく聞いて、後の質問に答えてください。

我が家には、名前が「ゴン」というかわいいイヌがいます。今日はお父さんもお休みの日なので、ゴンの小屋を作ってやることにしました。早速、お父さんと僕と弟で犬小屋を作る道具や材料を買いに出かけました。ゴンとお母さんはお留守番です。お店に着いて、足りない道具の細いノコギリとクギを買いました。ゴンが寝る犬小屋と、周りのフェンスを作るための材料と、ゴンの名前を書くペンキやハケも買いました。早速、作業に取り掛かります。難しい屋根の部分はお父さんが作ります。お父さんが「細い方のノコギリを取ってくれないか」と言ったので、２つある方の細い方を渡しました。僕と弟は、寝る部屋の床の板を打ち付けることにしました。弟にカナヅチとクギを取ってもらい、板が動かないようにおさえてもらいました。初めは簡単にできると思っていたのに、やってみるとなかなか難しく、大変な作業だということが分かりました。ゴンがご飯を食べるところの周りのフェンスは、ペンチやドライバーを使いながら３人で協力して、やっとできました。最後に弟が小屋の屋根にペンキで「ゴン」の名前と絵を描いて完成しました。ゴンを小屋に入れると、最初は不思議そうに少し戸惑っていましたが、まもなく慣れました。僕はゴンが小屋に入ったところの写真を何枚も撮りました。お料理をしていたお母さんが「お疲れさま。素敵な小屋ができたわね。ゴンも喜んでいるわ。」と言いながらおやつを出してくれました。

（問題１の絵を渡す）
①犬小屋を作るのに使った道具はどれでしょうか。この中から選び○を付けてください。
②お父さんがお兄さんに取ってほしいといった道具はどれでしょうか。この中から選び○を付けてください。
③何人家族ですか。その数だけ○を書いてください。
④弟がゴンの名前や絵を描くときに使った道具はどれでしょうか。この中から選び○を付けてください。

〈時間〉　20秒

〈解答〉　①真ん中（カナヅチ）、右から２番目（細い方のノコギリ）
②左端（細い方のノコギリ）　③○４つ　④右から２番目（ペンキ用ハケ）

アドバイス

話の内容、長さの観点からみると、この話は記憶がしやすいと思います。しかし、このようなＤＩＹ作業をした経験があるお子さまと、ないお子さまとでは、記憶について差が生じます。小学校受験のお話の記憶の中でも、体験や日常生活などに関連した内容は記憶がしやすいと言われています。逆にファンタジー系の内容の場合は体験がありませんから記憶力の差がはっきり表れます。どちらにしても大切なことは、集中して人の話を傾聴することです。また、お話の記憶は読書量に比例することから、読み聞かせは欠かすことができません。毎日、コツコツと行うことで、少しずつ力がついていきますから、継続して読み聞かせを行ってください。読み聞かせと体験、この二つがこの問題のベースとなります。細部に関するポイントは、継続した学習をしているうちに身に付いてきます。焦らず、計画を立てて取り組みましょう。

【おすすめ問題集】

1話5分の読み聞かせお話集①②、　お話の記憶 初級編・中級編・上級編、
Ｊｒ・ウォッチャー19「お話の記憶」

問題２　分野：回転図形

〈準 備〉　クーピーペン（青）

〈問 題〉　・左側の左の形を矢印の方へ３回回したとき、・印のある形はどのような形になるでしょうか。右側から探してその形に○を付けてください。（①②③をする）
・左側の左の形を矢印の方へ３回回したとき、どのような形になるでしょうか。右側から探してその形に○を付けてください。（④⑤⑥をする）

〈時 間〉　３分

〈解 答〉　①右端　②左端　③右からから2番目　④左から2番目　⑤右から2番目
⑥左端

アドバイス

図形の問題を解く際、イメージすることができているか。頭の中で操作ができるかなどの力が身に付いていると、理解が早くなります。その力を修得するには、具体物を操作することをおすすめします。問題①を例にすると、問われているのは、四角のマスの中の「・」印がついている箇所だけです。他の３つは考える必要がありませんから、問題を考えるとき、左上のマスだけを考えます。紙とクリアファイルを用意し、左上の形を書きます。書いたらそれをクリアファイルの中に入れ、３回回転させましょう。実際に回転させることで、図形がどのように変化するのかが分かります。そして具体物を操作することで、右に３回回転させることは、左に１回回転させることと同じであると気がつくでしょう。そのように自分で発見させることで、問題に対する自信がついてきます。あとは量をこなすことで、難易度の高い問題もできるようになりますし、スピードも正答率も上がってきます。

【おすすめ問題集】

Ｊｒ・ウォッチャー46「回転図形」

問題3　分野：図形（図形の構成）

〈準　備〉　クーピーペン（青）

〈問　題〉　この問題の絵は縦に使用して下さい。
左側の形を作るのに右側にあるどの形を使えばよいでしょうか。その形に○を付けてください。

〈時　間〉　３分

〈解　答〉　下図参照

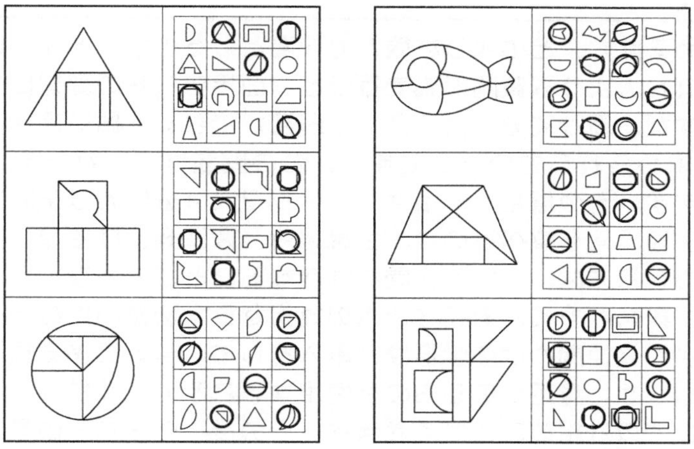

アドバイス

左側の形を作るのに右側にあるどの形が必要か、大まかに振り分けて考えます。最初の問題を例に説明すると、左の形を構成する形の中に円形（曲線）はないので、選択肢の中から、曲線がある形を削除します。それだけでも16個ある選択肢が４つ減ります。次に、残った形の中から、明らかに違うと思われる形を外していきます。長方形や二等辺三角形などがそれにあたります。このように、予め選択肢を少なくしてから考えた方が混乱しにくいと思います。その後、構成している形はいくつあるのか数えたり、どのような形があるのかを確認したりします。そして、選択肢の中から似た形同士の特徴を把握し、右の図形の中の形と比較をしていきます。この解答方法ですが、実は同図形、異図形探しの解答方法と類似しています。小学校の入試を解く力は、それぞれの問題の解き方を習得しなくても、同じ解き方で別の問題を解くことができることを知っておくとよいでしょう。そのためにも、解き方を教えるのではなく、お子さま自身で発見できるように導くことが大切です。

【おすすめ問題集】
Ｊｒ・ウォッチャー３「パズル」、９「合成」、45「図形分割」、
54「図形の構成」、NEWウォッチャーズ私立図形②

問題4　分野：常識

〈準 備〉　クーピーペン（青）

〈問 題〉　左側の生き物と同じ仲間を右側の絵から探して○をつけてください。

〈時 間〉　30秒

〈解 答〉　①右から２番目（カラス）　②右端（トカゲ）　③左端（カマキリ）

アドバイス

まず、答え合わせを始める前に、どのような観点で仲間としたのか、お子さまに問いましょう。この時、面接テストのような質問形式で行うと、面接テストの練習にもなります。その仲間分けの観点ですが、細かく分けたら色々な解答ができると思います。口頭試問形式の入試なら、それも求められる力の一つですが、この問題はペーパーテストになるため、正解は一つとなります。その場合、一番オーソドックスな分け方が正解になります。空を飛ぶ動物・昆虫、季節、何を食べるのか、生息場所、ほ乳類、は虫類、両生類などです。お子さまが興味関心を持てば、自然と仲間わけをすることができますが、知識として覚えさせようとすると、種類が多く、お子さまへの負担から学習嫌いになってしまうこともあるでしょう。このような仲間わけの学習は、導入として、身近にある具体物を使用する学習方法をおすすめします。身近にあるものを使用することで、「勉強」としてではなく、「遊びの一環」として取り組むことができます。その後、ペーパーの学習に移行するのがよいと思います。

【おすすめ問題集】
Ｊｒ・ウォッチャー11「色々な仲間」、27「理科」、55「理科②」、
NEWウォッチャーズ私立理科①

問題5　分野：回転図形

〈準 備〉　クーピーペン（青）

〈問 題〉　この問題の絵は縦に使用して下さい。
左側の絵を池などの水面に移したときにできる形を下に描いてください。

〈時 間〉　３分

〈解 答〉　省略

アドバイス

「鏡に映った」と出題すればお子さまもイメージしやすいと思います。大人なら、鏡も池も映った状態は同じと分かりますが、果たしてお子さまはイメージできたでしょうか。イメージが難しかったら、洗面器に水を入れたものを池と見立て、その横に鏡を置き、両方、同じ物を映し比較してみましょう。見え方の違いはあっても、上下左右の写り方は同じであることが解ると思います。今回は絵を映したものが問われていますが、これが人だった場合、正面に鏡があった場合など、問題には色々なバリエーションがあります。お子さまが興味を持っているうちに、さまざまなバリエーションを試して、映ったときの状態（法則）はどれも共通していることを理解させましょう。実験をして理解できたあと、簡単な類似問題を解かせることで、得た知識から、同じ考え方で問題が解けることを実感するでしょう。このような方法をとり入れると、導入時点の時間はかかりますが、実は総合的に修得するまでの時間は短くすみますし、思考力、応用力も鍛えることができますので、ぜひ、お試しください。

【おすすめ問題集】

Ｊｒ・ウォッチャー８「対称」、48「鏡図形」

問題６　分野：図形（模写）

〈準 備〉　クーピーペン（青）

〈問 題〉　上の形と同じように下に書き写してください。

〈時 間〉　５分

〈解 答〉　省略

アドバイス

点線図形の模写の問題で一番大切なことは「書き始めの位置を正確に把握すること」です。書き始めが狂うと、全ての位置がズレてしまい正確な模写にはなりません。
入試では、形だけでなく、位置を正確に把握して書けているかも大切なポイントになりますから、書き始めが不正確な時点で不正解となってしまいます。まして、実際の入試では消しゴムで消すことはしません。書き進んでから訂正すると、解答用紙が汚れて見にくくなり、解答しにくいですし、採点時、分からない解答となってしまいます。そのようなことを回避するためにも、「書き始めの位置を正確に把握すること」は非常に重要です。お子さまにとって、模写の問題で難しいのは「斜め線」をしっかり書くことだと思います。この斜め線は傾斜の向きによって４パターンあり、その中でも得意不得意があると思います。そして線が長くなるほど、点と点の間を通る線ほど難易度があります。書くときのポイントとして、次にどの点につなげるのかをしっかりと把握して書くことです。そのためにも位置の正確な把握はしっかり身に付けましょう。そして、問題を多く解いていくことでスピードも上がってきます。

【おすすめ問題集】

Ｊｒ・ウォッチャー１「点・線図形」、２「座標」、51「運筆①」、52「運筆②」

問題７　分野：数量（数える）

〈準備〉　クーピーペン（青）

〈問題〉　左側に描いてある数と同じ数の○を右側に書いてください。

〈時間〉　２分

〈解答〉　①13個　②17個　③11個　④7個
⑤11個　⑥19個　⑦21個　⑧9個

アドバイス

ものを早く、正確に数えることがポイントです。保護者の方は、お子さまがこの問題を解いている様子をしっかりと観察してください。そのときのポイントは、①数を数えるときどの順番（方向性）で数えているか。バラバラに数えていないか。②どの問題も数え方（順番・方向性）、スピードが同じであったか。この2点をしっかりと観察してください。数を数える問題で代表的な間違えは、数を数えるときに「重複して数える。」「数え忘れがある。」があります。どちらも共通しているミスは、数える順番、方向性が常に一定でないことが挙げられます。チェックを書くなどの対策もありますが、数え方が一定であることで対策が生きてきます。ですから、お子さまの数え方をしっかりと把握することは大切です。次に解答時の記号を書く際、早く、正確に、見やすいように書けているかもチェックしましょう。この問題では○を使用しましたが、入試では四角や三角など、頂点のある形もよく使われます。自分は四角や三角を書いたつもりでも、頂点がしっかりしていなければ、○と判断されてしまう可能性もあります。そうなると、不正解とされてしまうこともありますから、記号は、正確に、早く書けるようにしましょう。

【おすすめ問題集】
Ｊｒ・ウォッチャー14「数える」

問題８　分野：行動観察

〈準備〉　折り紙、Ａ４の紙、クーピーペン、クレヨン、画用紙２枚、スティックのり
４～５人のグループで行った。

〈問題〉　この問題の絵はありません。
・グループで相談をして、畑にあるものをクレヨンで折り紙に書きましょう。何枚描いてもよいです。描き終わったら画用紙に張りましょう。貼り終わったら空いているところに描き足して畑にしてください。
・スーパーマーケットで売っているものを、何でもよいのでこの紙に（Ａ４の紙）少なくても２個、描いてください。描き終わったら画用紙に貼りましょう。

〈時間〉　適宜

〈解答〉　省略

アドバイス

１つの部屋に４グループ用の机と椅子が用意されてあるところで、１グループ４～５人の人数で行われました。描き終わるとグループごとに前に出てきてみんなで貼ったようです。このような問題の場合、絵の上手さではなく、グループでの相談の状態（協調性、積極性、態度、内容など）、道具に関して（使用方法、扱い方、片付けなど）、全体を通しての取り組み方、指示をしっかり聞けて実行したか、後片付け、貼る行為（ノリの量、他の人のことを考えて貼ったか、作品のできが話し合いの通りになったかなど）、細かく分けると、実に様々な行動を観察対象として観ています。特に、コロナ禍の自粛生活は他者との関わる機会を奪いました。その影響はこのような集団での活動に現れます。なかなか大変だと思いますが、日常生活を通して、（家族を他者と見立てたりして）他者への配慮、協調性を意識して取り入れるように心がけてください。集団行動のテストは、ペーパーテストの後で行われるので、お子さまにとりましては緊張感が薄れる状況下で実施される試験になります。集中力の持続は重要ですから、最後まで集中して行えるようにしましょう。

【おすすめ問題集】
　Ｊｒ・ウォッチャー29「行動観察」

問題９　分野：面接（志願者・保護者）

〈準備〉　なし

〈問題〉　この問題の絵はありません。

志願者へ
・お名前と、幼稚園（保育園）の名前と担任の先生の名前を教えてください。
・幼稚園ではどんな遊びをしますか。そのほかにはどんな遊びをしますか。
・何人くらいで遊んでいますか。仲良しのお友達の名前を教えてください。
・小学校に入ったら何をしたいですか。
・お姉さんからどんな話を聞いていますか。（きょうだいが在校生かまたは卒業していた時）
・好きな本は何ですか。どうしてその本が好きですか。
・お手伝いはしていますか。まだしたことがないお手伝いで、やってみたいことはありますか。
・将来何になりたいですか。そのためにどんなことをしていますか。

保護者へ
・志望理由をお話しください。
・今後子どもに求められることはどのようなことだと思われますか。

〈時間〉　即答

〈解答〉　省略

アドバイス

お子さまに関する質問を見る限り、難しい内容はありませんから、即答で答えられるようにしてください。面接対策をする場合、保護者の方はお子さまの回答ばかりに意識が向いてしまいますが、面接テストは回答ばかりが採点対象ではありません。また、質問者はどうしてその質問をしたのかなど、出題者の意図を把握することも大切です。その点につきましては、弊社発行の「面接テスト問題集」（子ども面接用）、「面接テスト最強マニュアル」（保護者面接用）の冒頭部分のまえがき、各問題のアドバイスをご覧ください。出版社の取材力を生かした丁寧な解説が書いてあります。早めに読むことで、面接対策が充実します。
保護者面接は、回答内容で差がつく質問だと思います。深く考えて回答しているか求められますが、この内容は普段からしっかりと考えていなければよい点数はもらえないでしょう。何故なら、面接テストは回答した内容だけが採点対象ではなく、回答者のそのときの、口調、目、態度、姿勢など、回答以外のことも観られているからです。そのような深いところまで、アドバイスが書いてありますので、ご紹介した面接関連の２冊は早めに手元に取り寄せてください。

【おすすめ問題集】
保護者のための面接最強マニュアル、面接テスト問題集

問題10　分野：保護者アンケート

〈準 備〉　なし

〈問 題〉　この問題の絵はありません。
志願者が社会人になる頃、社会ではどのような認知能力及び非認知能力を求めるようになっていると思いますか。また、それを踏まえ志願者をどのように育てたいと思いますか。1080字以内で記入してください。

〈時 間〉　１分

〈解 答〉　省略

アドバイス

面接時にアンケートの記載内容について、保護者へ質問がされたようです。コロナ禍の自粛生活を過ごされてきた中、このような深いことを考えている余裕がなかったと思います。しかし、当校は内容の評価ではなく、保護者の方の考えを聞いています。ご自分の考え、思っていること、これまでの子育てに自信をもって臨まれることが一番の対策といえるのではないでしょうか。また、コロナ禍だったからこのようなタイトルを出題としたとも考えることもできます。そう捉えたとき、学校側から保護者の方へ「お子さまの育児、躾など、今一度考えてください。」というメッセージと受け止めれば、とても素晴らしい質問だと思います。作文の競争ではありませんから、うまく書こうと意識をしなくても平気です。ご自身が思っていることに自信を持って臨みましょう。

【おすすめ問題集】
新・小学校受験　願書・アンケート　文例集500

2023年度以前の入試問題

問題11　分野：記憶（お話の記憶）

〈準備〉　クーピーペン（青）

〈問題〉　お話を聞いて後の質問に答えてください。

今朝の太郎君はいつもより早く、誰にも起こされずに一人で起きました。お母さんは「あら、ずいぶん早く起きたのね。一人で起きられたんだぁ」といって太郎君を褒めてくれました。それには訳があって、今日は、お姉さんと２人でお爺さんとお婆さんのお家にお泊まりに行くことになっていました。太郎君は、リュックにパジャマと歯ブラシ、絵本とけん玉を入れました。着替えは、お婆さんに用意してもらっているので持って行きません。二人は、お父さんに車で駅まで送ってもらい、ようやく電車に乗りました。空いていたので2人は座ることができました。太郎君はしばらく外を見ていると、だんだんとビルが少なくなり山や畑、木などが見えてきました。お爺さんさんとお婆さんのお家が近くなってきたので、太郎君はワクワクしています。二人はお腹が空いてきたので、お母さんが作ってくれた、竹の子ご飯と卵焼き、お肉の入ったお弁当を食べました。食べ終わると、もうすぐお爺さんとお婆さんが住んでいる駅に着きます。二人は降りる準備をしました。ドアのところへ行こうとしたとき、電車が急に揺れて、そばにいたお婆さんにぶつかりそうになりました。そのお婆さんは、スイセンとチューリップの花を綺麗な紙で包んだ花束を持っていました。電車を降りてから二人は、お爺さんのお家までバスに乗りました。バスの停留所はおじいさんの家のすぐ近くです。その夜は、お爺さんとお婆さんが山から採ってきた山菜の天ぷらをたくさん食べました。

（問題11の絵を渡す）
①太郎君が出かけるのにリュックに入れたものは何でしょうか。１番上の段から探して、その絵に○をつけてください。
②電車の中でぶつかりそうになったおばあさんが持っていた花は、どの花でしたか。真ん中の段から探して、その絵に○を付けてください。
③このお話の季節と同じ季節の物を１番下の段から探して、その絵に○を付けてください。

〈時間〉　各20秒

〈解答〉　①えほん、歯ブラシ、けん玉、パジャマ、②スイセン、チューリップ、
③こいのぼり

［2023年度出題］

アドバイス

お話の内容としては、短く記憶しやすいと思います。しかし、持って行ったものばかりが出てきているのではなく、持って行かなかったものもお話の中には出てきます。この点をしっかりと聞き分けて正しく記憶できたでしょうか。この問題に限らず、問題を解く際、相手の話を最後まで正しく聞き、対応することは重要です。もし、思い込んだことで出題を間違えて理解し、対応したらどうなるでしょう。そうならないためにも、きちんとした聞き分けは大切です。この問題では、お話の季節を問う設問がありますが、きちんと答えることができたでしょうか。スイセンの季節が分からなくても、チューリップや竹の子の季節はわかりやすいヒントとなっています。お子さまと一緒に外出した際、その季節の特徴となるものを見分けることを取り入れるなどしてお子さまの知識を増やしていきましょう。

【おすすめ問題集】

1話5分の読み聞かせお話集①・②、お話の記憶 初級編・中級編、
Ｊｒ・ウォッチャー19「お話の記憶」

問題12　分野：図形（回転図形）

〈準備〉　クーピーペン（青）、鉛筆

〈問題〉　左側の形を矢印の方へ2回まわしたらどのようになるでしょうか。右側から探して○をつけてください。

〈時間〉　１分

〈解答〉　①右から2番目、②左端、③左から２番目、④右端

［2023年度出題］

アドバイス

絵を2回回転させるということは、絵が逆さまになることを発見できたでしょうか。これが分かると、この問題は解きやすくなります。これを口頭で伝えるのは簡単ですが、お子さまはなかなか理解できないと思います。理解できていない状況下で説明を繰り返しても、より混乱させてしまうだけで逆効果となることがありますので注意してください。そのような混乱を避けるためには、まず、実際に絵を操作させてみるとよいでしょう。その操作の中で、この問題のような形の場合、２回回転させることは、絵が逆さまになることが発見できればよいのです。実際に操作をさせる場合、保護者の方が教えるのではなく、お子さま自身に法則を発見させることがポイントです。自分で施行錯誤し、発見することで自信にもつながっていきます。分かったら、色々な形、回転数で試してみましょう。

【おすすめ問題集】

Ｊｒ・ウォッチャー46「回転図形」、５「回転・展開」

問題13　分野：図形（点図形）

〈準 備〉　鉛筆

〈問 題〉　左側に書いてあるものを、同じように右側に書き写してください。

〈時 間〉　２分

〈解 答〉　省略

［2023年度出題］

アドバイス

このような模写の問題で大切なことは、最初に書き始める位置を正しく把握することです。この時に位置を間違えていると、その後に描く線は全てずれてしまいます。その上で、次に引く線が何処を通っているのかを正しく把握し、目標となる次の点までしっかりと線を引かなければなりません。この作業をきちんとするためには、筆記用具の持ち方、正しい姿勢も影響してきます。筆記用具を正しくもつことは、これから先の学習にも関係してきます。姿勢に関しては、集中力、視力、姿勢にも影響します。この時期に、正しい筆記用具の持ち方、姿勢なども修得するように心がけましょう。また、筆記用具につきましては、色々なものになれておくことをおすすめします。筆記用具によって、筆圧が求められるものもあれば、サインペンなどは紙に置いたまま考えますと、インクが滲んでしまうことがあります。

【おすすめ問題集】

Ｊｒ・ウォッチャー1「点・線図形」、２「座標」、51「運筆①」、52「運筆②」

家庭学習のコツ①　「先輩ママのアドバイス」を読みましょう！

本書冒頭の「先輩ママのアドバイス」には、実際に試験を経験された方の貴重なお話が掲載されています。対策学習への取り組み方だけでなく、試験場の雰囲気や会場での過ごし方、お子さまの健康管理、家庭学習の方法など、さまざまなことがらについてのアドバイスもあります。先輩ママの体験談、アドバイスに学び、ステップアップを図りましょう！

問題14　分野：複合（数量・左右弁別）

〈準 備〉　なし

〈問 題〉　（問題４の絵を渡す）

①左側の絵を見てください。それぞれの動物は今いるところから、今から言う数だけ動きます。最後にいる場所に○を書いてください。
・キツネさんは前に５つ進みます。
・タヌキさんは後ろに２つ下がります。
・ゾウさんは前に３つ進みます。
・パンダさんは後ろに３つ下がります。
では、その場所に○を書いてください。

この問題の絵は縦に使用してください。

②右側の絵を見てください上にいるお友達が次のように進みます。最後にいる場所に○を書きましょう。
・前に３つ進みます。
・右に２つ進みます。
・左へ１つ進みます。
・右に１つ進みます。
・左に１つ進みます。
・左へ３つ進みます。
・左へ１つ進みます。
・右へ１つ進みます。
・右へ４つ進みます。
・右へ３つ進みます。
・左へ２つ進んだところに○を書いてください。

〈時 間〉　各30秒

〈解 答〉　下図参照

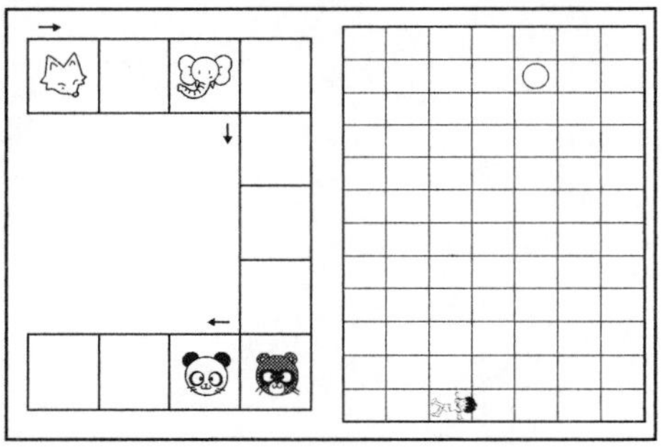

［2023年度出題］

アドバイス

キツネは前に５つ進むということは、キツネのいる場所を１つ目とは数えません。１歩足を踏み入れたところを１つ目と数えます。後退するときも同じです。１歩さがったところを１つ目と数えます。このような数える問題の場合と、今いる場所は何番目かを数える場合とでは、最初にカウントする場所が違います。お子さまは混乱するかも知れませんが、勘違いをしないように指導してください。右側の移動の問題は、あくまでも進む方向に対しての左右になります。ですから、向いている方向によって左右が変わりますので注意しましょう。この左右が変わることを言葉で説明しても混乱するお子さまが多いと思います。おすすめの方法は、お子さまが実際に動くことです。自分が動くことで、向きによって左右が変わることが分かると思います。自分が動いた後、次に人形など、擬人的なものを動かします。このようにして左右反転を修得していくとよいでしょう。。

【おすすめ問題集】
Ｊｒ・ウォッチャー２「座標」、47「座標の移動」

問題15　分野：図形（重ね図形）

〈準 備〉　クーピーペン（青）

〈問 題〉　上の３つの形を●と▲が重なるように重ねました。重ねるとどのようになるでしょうか。下から正しいものを探して○を付けてください。

〈時 間〉　１分

〈解 答〉　①左下、②右下

［2023年度出題］

アドバイス

この問題は、形を回転させずにそのまま重ねるため、解答を探すときにイメージがしやすいと思います。また、考える際、１つの形に他の形を描き足していく方法もあるため、解きやすい問題といえるでしょう。解答する際、それぞれの形のどこに着眼すればよいのか、形をよく観察してから取り組むと解きやすいと思います。と申し上げるのも、いきなり描き込んだ際、描き間違えたりすると、わかりにくくなり、かえって思考の妨げになってしまうことがあります。落ち着いて取り組みましょう。

【おすすめ問題集】
Ｊｒ・ウォッチャー29「行動観察」、56「マナーとルール」

問題16　分野：複合（重さの比較、水量の比較、ブラックボックス）

〈準　備〉　クーピーペン（青）

〈問　題〉　①上の段を見てください。同じ重さになるのはどれでしょうか。○を付けてください。
②真ん中の段を見てください。それぞれのコップに氷を入れて、水の入っている高さを同じにしました。この中で水の量が２番目に少ないのはどれでしょうか。○を付けてください。
③１番下を見てください。左側にお約束が描いてあります。このお約束に従っていくと？のところはどのようになるでしょうか。その数だけ□に○を書いてください。

〈時　間〉　１分

〈解　答〉　①真ん中、②左から２番目、③３個

［2023年度出題］

アドバイス

①はシーソーの問題に置き換えの要素が加わり、難易度としては高い分類に入ります。まず、左側に書いてある置き換えが理解出来ているでしょうか。△１つと●４つが同じ重さということは、○１つと●８個が同じ重さになります。同じように、△１つと●４つが同じ重さなら、▲１つと●８つが同じ重さになります。そこから○と▲は同じ重さであることが導けます。この考えをベースに置き換えていくと、解答が分かります。
②の問題は、水の高さが同じという条件から、水の量は、中に入っている氷の数で決まることが分かります。２番目に水の量が少ないということは、入っている氷は２番目に多いことになり、ここに気がつけば問題なく解くことができます。実物を使用し確認してみてください。
③の問題は左に描いてある♥は－２，♠は＋１、♦は＋３になる約束を把握できれば、特に難しいことはなく、その約束に従って増減させていけば解答できます。焦らず取り組んでください。

【おすすめ問題集】
Ｊｒ・ウォッチャー27「理科」、32「ブラックボックス」、33「シーソー」

問題17　分野：絵画

〈準　備〉　クーピーペン（青）、鉛筆

〈問　題〉　真ん中の○の中に自分の顔を書いてください。周りには楽しかったこと、お友達とのこと、幼稚園などでの遊びなどを描いてください。周りに風景なども描きましょう。

描いている最中に、「何を描いているか」「これは何か」など質問をされる。

〈時　間〉　適宜

〈解　答〉　省略

［2023年度出題］

アドバイス

絵画を描かせると上手、下手を意識してしまうかもしれません。絵画の問題では他にも大切な要素があります。それは「線が生きていること」です。お子さまが生き生きと描いていることも重要であることを理解しておいてください。そのためには、楽しく取り組むことが大切です。苦手なお子さまには、描く前にお話をして楽しかったことなどを思い出させてから取り組むのもおすすめです。お話の時、お子さまは、どのようなことを想像するのか、同時に。想像力や描いているときの態度、終わったときの片付けなども大切です。力強い線を描く練習をしてから取り組むのもおすすめです。手首だけで描くのではなく、腕を動かして描く、長い線を勢いよく描くことも効果があります。絵画は小さな絵を幾つも描くと、上手に見えますが、絵は大きく描くことを心がけてください。大きく描いているお子さまに小さく描く指導は比較的取り組みやすいのですが、その逆はかなり大変です。ですから、大きく、勢いよく描くことを心がけるようにしてください。

【おすすめ問題集】

Ｊｒ・ウォッチャー22「想像画」・24「絵画」

問題18　分野：行動観察（お店屋さんごっこ）

〈準備〉　チケット１人２枚、折り紙（赤、白、灰色）各10枚、クーピーペン（青）、鉛筆

〈問題〉　**この問題の絵はありません。**
これからお店屋さんごっこをします。ペットショップ、果物屋、パン屋のどれをするかみんなで相談をして決めてください。決まったら、折り紙を使って、お店で売っているものを作ったり、描いたりしてください。お店の人と買い物をする人に分かれて行います。「交代してください」と言われたら、お店の人と買う人を交代しましょう。

〈時間〉　７分

〈解答〉　省略

［2023年度出題］

アドバイス

ペーパーテストの部屋で、机を並べ替えて行われました。机を並べ替えているときの行動、話し合いへの積極的参加、発言、態度、約束の遵守、協調性、マナーなど、綜合的に観察されていると受け取ってよいと思います。このような総合的に観られる問題のポイントは、日常生活にあります。日々の繰り返しがこうした環境下でも自然と出せるように経験と自信を身につけるように心がけてください。ご家庭で取り組む場合、保護者の方は、つい口を出してしまったり、結果に意識がいってしまったりすると思いますが、そこは優しく見守ることを意識してください。こうして申し上げるのも、実際の入試では、初めての場所、初めて会ったお友達と行うことになります。それは、保護者の方が考えている以上に緊張し、ハードルの高い行為になります。ですから日常生活において経験を積み、自分は大丈夫という自信をつけさせてあげることがお子さまの当日の支えになります。この問題だけでなく、色々なことを取り入れて練習してください。

【おすすめ問題集】

Ｊｒ・ウォッチャー29「行動観察」、56「マナーとルール」

問題19　分野：お話の記憶

〈準 備〉　クーピーペン

〈問 題〉　お話を聞いて後の質問に答えてください。

今日ゆりちゃんは、お父さんと夕飯を作る約束をしました。作るものを相談した結果、カレーに決まり、買い物から全て２人ですることになりました。日中、ゆりちゃんは庭やお家の掃除、洗濯の手伝いをしたので少し疲れてしまいました。すると、お母さんが「今日、みんなはとても働いたので、ケーキでも買ってきてお茶にしましょう。ゆりちゃん、お買い物は少し早めに行ってケーキも買ってきてちょうだい。」と言いました。それを聞いたゆりちゃんは元気になり、早速お父さんと買い物に出かけました。スーパーへ行く途中の道にはアジサイの花がたくさんあり、少し花が咲き始めていて、もうそろそろきれいに咲きそうです。スーパーではカレーの材料にジャガイモ、ニンジン、玉ねぎを買いました。次にケーキ屋さんに行きケーキを買って帰りました。みんなでお茶を飲みおいしいケーキを食べました。これからお父さんとカレーつくりに挑戦です。作っている途中で、お父さんが「あっ、大事なものを買い忘れた。これがないとカレーができないなぁ。」と言いました。ゆりちゃんは、「そうだわ、すっかり買い忘れてしまった」と言って、また近くのスーパーへ出かけました。

（問題19の絵を渡す）
①このお話の季節はいつですか。１番上の段から同じ季節の物を探して○を付けてください。
②お父さんと買い物で買ってきたものを真ん中の絵から探して全部に○を付けてください。
③買い忘れたものは何でしょうか。１番下の絵から探して○をつけてください。

〈時 間〉　30秒

〈解 答〉　①－スイカ割り、②－ニンジン、ジャガイモ、たまねぎ、ケーキ、
③－お肉、カレーのルー

［2023年度出題］

アドバイス

この問題のように、日常生活での体験の多少、有無が記憶に影響することは多々あります。出題されるお話の記憶は、初めて聞くお話を、一度聞いただけで覚えて解答しなければなりません。ですから、記憶のしやすさは大きくプラスに作用します。特に記憶系の学習は、一朝一夕には身に付きません。お話の内容が、お子さまの体験したことがある場合、自分の体験になぞらえて記憶することができ、記憶しやすくなります。記憶の問題は、読み聞かせの量、生活体験がポイントとなりますので、普段から取り入れてください。お話の記憶に限らず、小学校受験の場合、机上の勉強で学ぶことよりも、日常生活を通して身に付くことの方がはるかに多くありますので日々の生活を大事にしてください。この問題では、お家でカレーつくりを体験したことがあれば、そのときの様子を思い出せば、設問③などはすんなりと解答できるのではないでしょうか。一般に、カレーをつくるときに入れるものとして、肉、ニンジン、ジャガイモ、たまねぎ、カレーのルーなどが考えられます。

【おすすめ問題集】
１話５分の読み聞かせお話集①②、　お話の記憶 初級編・中級編、
Ｊｒ・ウォッチャー12「日常生活」、19「お話の記憶」

問題20　分野：面接

〈準 備〉　なし

〈問 題〉　この問題の絵はありません。

志願者へ
・お名前を教えてください。兄弟がいたら教えてください。
・３分間を好きに使ってください。
（事前に好きな本を１冊用意するよう指示があり、その本を読み聞かせる。）
・好きな絵本を見せてください。
・どこがおもしろいですか。なぜこの本が好きなのですか。
・園ではどんなことをして遊ぶのが好きですか。
・男の子とも遊べますか。
・将来の夢を教えてください。小学校に上がったらどんなことをしたいですか。
・家での遊びを教えてください。家族とはどんな遊びをしますか。
・雨の日はどんなことをしていますか。
・今まで１番楽しかったことを教えてください。
・虫を捕まえたらどうしますか。好きな動物は何ですか。
・お父さんやお母さんの話を聞いてどんな気持ちですか。

保護者へ
・習い事をするきっかけは何ですか。（母親）
・自立心が芽生えたと感じるエピソードを話してください。
・志望理由を教えてください。
・育児をして楽しかったことを教えてください。
・ＳＮＳと保護者同士のかかわり方や、使用方法についてお尋ねします。
（保護者同志のＳＮＳは禁止していない）
・オンラインでのやり取りが続きますが、大丈夫ですか。

〈時 間〉　適宜

〈作 文〉　事前のアンケート（願書提出時）
・兄弟姉妹の構成
・これまでの子育てについて「保護者としてうれしかったこと」を１つ挙げ80字以内で記入してください。
・本校の教育指標「10の能力」の１つに掲げる「自立力」について、子育てについて取り組んでいることがあれば120字以内で記入してください。
・子育てにおいてインターネットやＳＮＳから情報を得る場合留意していることがあれば120字以内で記入してください。
・保護者の職業観について、職業人としてどのような使命を持っているか、120字以内で記入してください。
・本校を知ったきっかけや志望理由など志願の動機について120字以内で記入してください。
・志願者が社会人になる頃、社会はどのような能力や人柄を求めるようになっていると思いますか。それを踏まえ志願者をどのように育てたいと考えていますか。1050字以内で記入してください。

［2023年度出題］

アドバイス

近年、面接テストを苦手とする保護者の方が増えています。面接テストというと、正解を述べなければならないと考えられる方が多いようですが、先ずは、「正解」と「意見」は違うことをしっかりと認識しましょう。面接では、自分の考え、してきたことなどを、自信持って、力強く堂々と述べましょう。面接官は、正解を求めているのではなく、受験された方の「意見」を求めています。ですから、事前に暗記してきた回答は、面接官の心には響いていません。面接での回答は、美辞麗句を並べたり、学校のことを知っていると、知識をひけらかす場ではありません。面接官の質問に対して、自分の考え、してきたことなどを披露する場です。お子さまの面接ですが、保護者の方が普段の練習の時から、正解を求めるような対応をしていると、実際の面接テストの際、保護者方の顔色ばかりを気にしてしまう恐れがあります。この行動は、よい印象を与えることはできません。練習では、お子さまが自分の意見を堂々と、輝いた目で意見を言えるように心がけてください。日常会話がポイントになります。

【おすすめ問題集】

面接テスト問題集、新口頭試問・個別テスト問題集
保護者のための面接最強マニュアル

家庭学習のコツ②　**「家庭学習ガイド」はママの味方！**

問題演習を始める前に、試験の概要をまとめた「家庭学習ガイド（本書カラーページに掲載）」を読みましょう。「家庭学習ガイド」には、応募者数や試験課目の詳細のほか、学習を進める上で重要な情報が掲載されています。それらの情報で入試の傾向をつかみ、学習の方針を立ててから、対策学習を始めてください。

問題21　分野：お話の記憶

〈準備〉　鉛筆

〈問題〉　お話を聞いて後の質問に答えてください。

動物村という、たくさんの動物たちが住んでいる村があります。その村には動物村幼稚園という名前の幼稚園があります。今日はその幼稚園の運動会の日です。運動会を観ようとたくさんの動物たちがやってきました。幼稚園の動物たちは、はりきっています。初めにご挨拶があり、準備体操をやってから競技が始まります。さぁ、最初は大玉入れです。赤組のライオン、ワニ、サルが出場します。青組はトラ、リクガメ、イヌが出場してきました。大玉入れが始まって間もなくのことでした。ライオンが線より内側に入ってしまったのです。それを見たワニが「ライオン君、線より中に入っちゃだめなんだよ」と注意をしました。それを言われたライオンは、むくれてトラと、イヌにぶつかっていきました。怒ったトラとイヌはライオンと喧嘩を始めたのです。それを見ていたサルが、「喧嘩はしない方がいいよ。僕はワニ君の言うとおりだと思うよ」と言いました。サルのおかげで喧嘩がおさまり、運動会の続きが始まりました。かけっこやダンスなど、午前中のたくさんの競技が、あっという間に終わりました。お昼になりました。楽しみにしているお弁当の時間です。ライオンはホウレンソウ、ワニはサンドイッチ、サルはバナナ、トラはスパゲッティ、リクガメはリンゴ、イヌはハンバーグをそれぞれおいしそうに食べています。午後の部が始まりました。もう一度、午前中にできなかった大玉入れからの始まりです。午後の競技が終わり、最後はリレーです。リレーの選手が頑張って走っています。そしてアンカーにバトンが渡りました。アンカーが走り出しました。１番目にバトンをもらったのがイヌです。２番目は少し遅れてトラです。トラに追いつこうと頑張ったのはサルです。最後はライオンでした。ところがライオンは頑張ってサルとトラを追い越したのです。見ている動物たちの拍手のうちにリレーは終わり、運動会が終了しました。いったん全員がお部屋に入りました。教室に入ったライオンが「玉入れの時は、ルールを守らなくてごめんなさい」と謝りました。ヤギの園長先生は、謝ったライオンを「ライオン君、ちゃんと謝れたね。偉かったよ」と誉めました。みんなも拍手をしました。

（問題21の絵を渡す）
①１番上の段で、赤組の動物に赤色で○を付けてください
②２段目を見てください。けんかを止めた動物に青色で○を付けてください。
③ライオン、リクガメ、ワニが持ってきたお弁当を青色の線で結んでください。
④リレーで１位になった動物に赤色で○を、４位になった動物には青色で○を付けてください。

〈時間〉　各10秒

〈解答〉　①ワニ、サル、ライオン　②サル
③ライオン－ホウレンソウ、リクガメ－リンゴ、ワニ－サンドイッチ
④赤○イヌ　青○サル

［2022年度出題］

アドバイス

当校の記憶の文章は例年長文ですが、問題としてはそれほど難しくはありません。しいて言えば、動物たちが持参したお弁当が考えているようなものとは少々違う点で、聞いたときに「えっ」と思うお子様もいると思います。まずは「聞く」ことに耳を傾けましょう。１つのことにこだわっていると、設問④の解答に窮します。話の読み聞かせなどをやることで、聞いていてどのような聞き方をしているのか、知ることも大事なことです。話を聞くことはすべての基本です。話の梗概そして含意がわかるようになればしっかり聞いていることが分かってきます。基礎固めでは、興味のある短い内容から始めていくとよいでしょう。お子様に問題を出させてみるのも集中して聞いているかわかります。

【おすすめ問題集】

１話５分の読み聞かせお話集①・②、お話の記憶 初級編・中級編・上級編、
Ｊｒ・ウォッチャー19「お話の記憶」

問題22　分野：図形（回転図形）

〈準備〉　鉛筆

〈問題〉　左側の形を矢印の方へ２回転（２回回したら）させたとき、形はどのようになるでしょうか。右側から正しいものを探して○をつけてください。

〈時間〉　１分

〈解答〉　①左から２番目、②右から２番目、③左端、④左から２番目、

［2022年度出題］

アドバイス

問題に回転する方向が示されています。１番上を見てみましょう。右に２回回したらとびだしている線はどこへ移動しますか。１回目で左、２回目で上に行きます。星は１回目で右横、２回目で右下に来ます。このように１つずつ動かしてみるとよく分かってきます。実際に書き写したものを動かして観察してください。問題２では回転または回すという言葉を使っていますが、倒すという言葉を使うことがあります。「前に倒す」なども同じことです。初めは左側の形を実際に書き写し、回転させ、見て確かめることで、理解が深まっていくでしょう。時間はかかりますが、書くことで理解が深まっていきます。

【おすすめ問題集】

Ｊｒ・ウォッチャー５「回転・展開」、46「回転図形」

問題23　分野：図形（点図形・模写）

〈準備〉　鉛筆

〈問題〉　①上の形と同じになるように、点と線を下に書き写してください。
②上と同じになるように、線を下に書き写してください。

〈時間〉　５分

〈解答〉　省略

［2022年度出題］

アドバイス

このような模写は書き出しを一定方向から書くことと、点から先に書くか、線から先に書くかを決めて着手することです。点も線もと、２つ一緒はやめた方がよいでしょう。右側は立体図になっています。あまり例を見ない問題ではありますが、書く範囲が広くなっているだけのことです。立体という言葉や絵に脅かされないことです。この問題の場合は、まず上の面、下の面、横の面と順番を決めて書くことです。書きだしは決めて書くことを忘れないようにしましょう。落ち着いて１つ１つ書いていけば問題ありません。書く数が多い分だけ時間がかかります。時間短縮と正確に書くには練習が必要です。

【おすすめ問題集】
Ｊｒ・ウォッチャー1「点・線図形」、２「座標」、51「運筆①」、52「運筆②」

問題24　分野：図形（同図形）

〈準備〉　鉛筆

〈問題〉　左側の形と同じ形を右側から探して○を付けてください。

〈時間〉　１分

〈解答〉　①左から２番目、②右から２番目、③左端、④右端

［2022年度出題］

アドバイス

左側にある形の模様が同じ形で同じ方を向いていなければ、どちらかに回転していると考えましょう。よく見ると１番上の問題が回転していません。下３つはどちらかに回転しています。１つずつ見ていったときに該当しないものは、思考から除外して先に進むことです。回転した同図形探しは当校では類を見ない難易度の高い問題です。図形の問題の練習は、簡単な基礎から、具体物を使った練習をしていくことをお勧めします。

【おすすめ問題集】
Ｊｒ・ウォッチャー４「同図形探し」

問題25　言語（音数）

〈準備〉　鉛筆

〈問題〉　左に描いてある絵の名前は、いくつの音数でできているでしょうか。右の□にその数だけ赤で〇を書いてください。たとえば「うちわ」は「う」「ち」「わ」で３音です。その時は〇を　〇〇〇　と３つ書きます。

〈時間〉　１分

〈解答〉　テントウムシ６音、スイカ３音、でんしゃ４音または３音、しんごうき５音
カタツムリ５音、ひしもち４音、せんべい４音、けいたいでんわ７音

［2022年度出題］

アドバイス

音数で問題になるのは拗音、長音、促音などでこれを１音と数えるか、２音と数えるかです。このように紛らわしいのは音数問題としては見られませんが、まれにパズルなどで見ることがありますが、このようなときは１音または２音の両方で考えます。絵と言葉が一致しましたか。図鑑などを使ってしっかり身に着けてください。

【おすすめ問題集】
Ｊｒ・ウォッチャー17「言葉の音遊び」、18「いろいろな言葉」、60「言葉の音」

問題26　分野：言語（数え方）

〈準備〉　クーピーペン（赤、青）、鉛筆

〈問題〉　①絵を見てください。いろいろなものが描いてあります。この中で数えるときに１ポン、２ホン、３ボン（本）と数えるものに赤色で△を付けてください。
②１ダイ、２ダイ（台）と数えるものに青色で△を付けてください。
③１ピキ、２ヒキ、３ビキ（匹）と数えるものに、鉛筆で□を付けてください。
④１トウ、２トウ（頭）と数えるものに青色で〇を付けてください。

〈時間〉　１分

〈解答〉　赤△　鉛筆、花、木　青△　自動車、電話、自転車
鉛筆□　トンボ、ネズミ、ハチ　青〇　クマ、ライオン、ウマ

［2022年度出題］

アドバイス

何かを数える時に、数字の後ろにくる言葉のことを「助数詞」といいます。基本は同じ助数詞でも、その数によって言い方が異なるものもあります。身近では１ピキ、２ヒキ、３ビキ、１ポン、２ホン、３ボンなどがあります。身の周りにはどのような数え方のものがあるか集めてみましょう。お子様が興味を持ったら、かわった助数詞を調べてみるのもおすすめです。また、日常会話をするときでも、正しい助数詞を使用する意識を持ちましょう。

【おすすめ問題集】
Ｊｒ・ウォッチャー14「数える」

問題27　分野：言語（しりとり）

〈準備〉　クーピーペン（赤、青）

〈問題〉　上の絵を見てください。しりとりをしたとき、最後に何が来ますか。下の四角の中から選び、入る所の記号を書いてください。

〈時間〉　２分

〈解答〉　△：ネズミ
○：ラケット
□：リス

［2022年度出題］

アドバイス

日頃、外遊びや、豊富な会話を持つ時間が少なくなってきている今日、言葉の吸収に大事な時期を逃してはいませんか。お子様が話しかけてきたときはチャンスを逃がさず、話を継続させましょう。話し方は、早くちではなく、はっきりとゆっくり、わかるように話すことを心がけてください。ところどころに「おや」と思うような言葉も入れてみてください。気が付くでしょうか。読み聞かせや言葉遊びなども時間や場所を選ぶことなくできます。語彙数の多さで言語の回答に差が出ます。

【おすすめ問題集】
Ｊｒ・ウォッチャー49「しりとり」

問題28　分野：数量（数える）

〈準備〉　鉛筆

〈問題〉　上の四角に描いてある動物は、下の四角の中にいくつ描いてありますか。それぞれ数えて、その数だけ上の四角の中に○を書いてください。

〈時間〉　１分

〈解答〉　ネズミ７，スズメ６、パンダ５、つる４

［2022年度出題］

アドバイス

数量の基本は数えることから始まります。数えることを疎かにしないようにしましょう。この問題で数えるとき、ネズミの数が多い割には、数えにくくなっています。そのようなときは、数えミスを犯さないように、数えたものをに印をつけていくなどの方法もあります。上達の方法としては、日常生活において多くのものを数える機会を設けましょう。

【おすすめ問題集】
Ｊｒ・ウォッチャー14「数える」、37「選んで数える」

問題29　分野：数量（ブラックボックス）

〈準備〉　鉛筆

〈問題〉　上にお約束が描いてあります。ボールが△を通ると、数が増えて出てきます。○と□を通ると、数が減って出てきます。下のそれぞれのボールは、いくつになって出てくるでしょうか。その数だけ□に○を書いてください。

〈時間〉　３分

〈解答〉　①９、②　５、③　４

［2022年度出題］

アドバイス

この問題は数の増減ですが、上のお約束を理解し、数を正確に数えることができれば、特に難しい問題ではありません。まずは、１番上のお約束を把握できましたか。△は＋３、○は－３、□は－２というお約束になっています。理解が難しいようなら、おはじきなどの具体物を使ってまずお約束を理解させてから、増減の計算に入ります。このような問題にトンネルを通過すると形が変わっていくなどの問題もあります。多くの問題に触れることをお勧めします。

【おすすめ問題集】
Ｊｒ・ウォッチャー32「ブラックボックス」

問題30　分野：運動（行動観察）

〈問題〉　**この問題の絵はありません。**
①机の右側で片足立ちをしましょう。初めは左足で立って右足を上げます。次は反対の足です。（左右８秒程度行う）
②指先体操です。指先で立ち、背伸びをしましょう。
③ひざを曲げて屈伸運動をしましょう。
④先生のリズムに合わせて手をたたきながら、グージャンプ、ケンケン、グー、パー、などを取り入れて、先生の真似をしながらやっていきましょう。

〈時間〉　10分程度

〈解答〉　省略

［2022年度出題］

アドバイス

ごく基本的な模倣運動です。このような点数のつけにくい問題は、行動観察がメインと考えた方がよいでしょう。このような簡単な問題だからこそ、ダラダラしたり、取り組む意欲がなかったりと、行動に問題の出ることが多くなる可能性があります。最後まで集中して、きびきびと取り組みましょう。

【おすすめ問題集】
Ｊｒ・ウォッチャー28「運動」、29「行動観察」、「運動テスト問題集」

問題31　分野：行動観察（制作：創作塗り絵）

〈準備〉　クーピーペン（赤、青）、鉛筆

〈問題〉　これは風船です。自由に絵を描いてください。色を塗っても構いません。

〈時間〉　５分

〈解答〉　省略

[2022年度出題]

アドバイス

出題の時「風船」と言われているので、風船３個を応用した創作絵画になるか、単に持参した赤、青、鉛筆を使用した塗り絵で終わるかでしょう。絵の上手下手にこだわるよりも、単純な３つの○をどのような発想の転換で変化させるのか。その変化の過程なども興味を持たれるのではないでしょうか。家で制作をしたり、絵を描いているときは自由にやらせた後で、どのような考えで、何を仕上げたのかを聞いてみるとよいでしょう。たまには保護者の方も一緒にやることで励みになったり、意欲を燃やすことでアイデアもわいてくる場合もあります。やっているときの態度、道具の使い方、あとかたづけもしっかり見てください。

【おすすめ問題集】
Ｊｒ・ウォッチャー22「想像画」、24「絵画」

問題32　分野：面接

〈準備〉　クーピーペン（赤、青）、鉛筆

〈問題〉　この問題の絵はありません。

保護者と子どもに本を用意して、３分くらい一緒に過ごす。「今から３分間いつもの通りお家でやっている過ごし方をしてください」「本は自分で選んだのか」「何に注意して選んだのか」などの質問がある。

【保護者へ】
・志望動機の決めてはどのようなことですか。（父親）
・日々の子育てで、どのようなことを心がけておいでですか。（父親）
・子育てでどんな時に難しさを感じられますか。
・保護者が子どものころの子育てと、今の子育てで感じる違いについてお話しください。
・６年間育ててみて、親として100点中何点だと思われますか。
・子どものどんなところをどのように伸ばそうとしておいでですか。（母親）
・コロナ禍での過ごし方について、どのような工夫をされましたか。
・本は本人に選ばせますか、大人が選ぶときはどのようなことに留意されますか。
・体験重視の数多い学校の中で、設立数年の当校を選ばれた理由をお聞かせください。
・子どもが登校を拒否した時どのように対処されるつもりですか。

【子どもへ】
・自己紹介をしてください。
・お名前、通っている幼稚園・保育園名、年齢を教えてください。
・お友達とけんかをしますか。その後、どうやって仲直りをするのか教えてください。
・仲の良いお友達について。友達何人くらいで遊びますか。
・外遊びと、お家の中で遊ぶのとどちらが好きですか。
・家ではおうちの人と何をしますか。
・お父さんやお母さんにどんな時に褒められますか。褒められるとどんな気持ちになりますか。
・小学校に入ったらやりたいことはどんなことですか。

〈時間〉　10～15分

〈作文〉　保護者作文
①「志願者の兄弟姉妹の構成について」
②志願者の性格や行動について、保護者として改めたいと考えている点がありましたら（80字以内）
③志願者にとって安心できる環境を作るためにどのようなことに気を付けていますか（120字）
④子育てに迷ったとき、どのように解決されていますか（120字）
⑤保護者の職業観について（120字）
⑥志望動機について（120字）
⑦志願者が社会人になる頃、社会はどのような能力や人柄を求めるようになっていると思いますか。それを踏まえ志願者をどのように育てたいと考えていますか。（1,080字）

〈解答〉　省略

［2022年度出題］

アドバイス

面接はテスト前の、事前面接で、保護者と志願者に絵本を渡され、３分ほど自由に過ごす時間が与えられています。その後、過ごし方や本についての質問がされるため、どうしてこのような時間を作られたのかを考え、対処しなくてはなりません。わずか３分の間で、日ごろの過ごし方、関わり合いなどが観られます。面接の初めに渡される絵本は、それなりに含意を含んだ内容のものです。読み聞かせの時、把握できるような過ごし方を日頃やっておかれるとよいでしょう。また、近年、コロナ蔓延により面接もＺｏｏｍを使用したリモート面接になってきていたため、対面とは違った方法に慣れておきましょう。慣れていないと落ち着きをなくす場合もあるので、練習をしておくとよいでしょう。

アンケートのテーマは９月上旬にダウンロードができ10月には郵送締め切りとなっていますが、面接でその内容について質問される可能性がありますので、必ずコピーを取っておくことをお勧めします。時間がある分下調べもできますが、参考資料の写し書きではなく、必ず自分の言葉で書くようにしましょう。作文作成のために１つの方法をご紹介しましょう。
作文のテーマに沿った材料を簡潔に１～２行程度にまとめます
課題で求めることは何か
課題に対しての自分の意見
意見についての理由意見にまつわる体験、エピソード、その時に感じたこと
今までどのようなことをしてきたか
今後どのようにしていくか
自分の考えとは異なる反論も考える
この準備ができたら、文章を書いてみます。全体を通して何度も読み直し修正していく。
段落の無い長い文章は避けます。

【おすすめ問題集】
面接テスト問題集、保護者のための面接最強マニュアル

家庭学習のコツ③　効果的な学習方法～問題集を通読する

過去問題集を始めるにあたり、いきなり問題に取り組んではいませんか？　それでは本書を有効活用しているとは言えません。まず、保護者の方が、すべてを一通り読み、当校の傾向、ポイント、問題のアドバイスを頭に入れてください。そうすることにより、保護者の方の指導力がアップします。また、日常生活のさまざまなことから、保護者の方自身が「作問」することができるようになっていきます。

問題33　分野：お話の記憶

〈準備〉　鉛筆

〈問題〉　**この問題の絵は縦に使用してください。**
お話をよく聞いて、後の質問に答えてください。

今日は朝から晴れてよい天気です。いつも寝坊ばかりしているマナブくんでしたが、珍しく早起きをしたせいかお腹が空いてしまいました。「ごはんまだ～」とお母さんに聞くと、「もうすぐできるから、座って待っていなさい」と言われたのでおとなしく座って待っていました。少し待っていると、マナブくんの大好きな目玉焼きとウインナーが出てきました。朝ごはんを食べ終わると幼稚園に出かける準備をします。忘れ物がないようにしっかり確認します。マナブくんは、お母さんといっしょに幼稚園まで歩いていく時間がとても好きです。でもそれよりもっと好きなことは幼稚園でお友だちと遊ぶことです。
幼稚園に着くと、仲良しのカズオくんとハナコさんとケイコさんがもう遊んでいました。「早くマナブくんも遊ぼうよ」とハナコさんが呼んだので、マナブくんは走ってみんなのところに向かいました。「何して遊んでるの？」とマナブくんが聞くと、カズオくんは「ボール遊びをしてたんだ」と答えました。マナブくんも加わって４人でボール遊びの続きをすることにしました。仲良く遊んでいた４人ですが、カズオくんが投げたボールがケイコさんに当たって洋服が汚れてしまいました。ボールが地面に落ちた時に泥がついていたようです。「お気に入りの水玉のワンピースなのに……」と言いながらケイコさんは泣き出してしまいました。みんながカズオくんに謝るように言うと、「わざとじゃないもん」と言って謝ろうとしません。さっきまで４人で仲良く遊んでいたのに、何だか変な感じになってしまいました。ハナコさんが「もうボール遊びはやめて砂場で遊ぼう」と言ったので、マナブくんとケイコさんはいっしょに砂場へ向かいました。カズオくんはどうしようか考えています。
３人は砂場で大きなお城を作ることにしました。マナブくんが砂を集めて高く積み上げ、ハナコさんとケイコさんが形を作ることになりました。マナブくんは一生懸命砂を集めているのですが、道具がないのでなかなか砂を高く積み上げることができません。そんな時、カズオくんが「仲間に入れて」と砂場にやってきました。３人は相談して、「砂を集めるバケツを持ってきたら仲間に入れてあげる」と言いました。カズオくんはバケツを探しに行きました。まもなくカズオくんが、バケツを２つ持って戻ってきました。「２つあった方が大きなお城が早く作れると思って……」と言ったので、みんなはニッコリ笑いました。カズオくんはみんなのために一生懸命バケツを探したのでした。また、４人で遊びます。カズオくんは「洋服汚しちゃってごめんね」とケイコさんに謝りました。
道具を手に入れて、人数も４人になったので、お城はあっという間にでき上がりました。「やっぱり４人で遊んだ方が楽しいね」とケイコさんが言うと、みんな大きくうなずきました。「明日は何して遊ぼうか」とマナブくんがみんなに聞くと、ケイコさんは「明日は汚れてもいい洋服を着てくるから、またボール遊びをしよう」と言いました。カズオくんは何だかうれしくなってしまいました。４人はこれからもずっと仲良しです。

（問題33の絵を渡す）
①マナブくんが朝ごはんで食べたものはどれでしょうか。選んで○をつけてください。
②ケイコさんはどんな洋服を着ていたでしょうか。選んで○をつけてください。
③洋服が汚れてしまったケイコさんはどんな気持ちだったでしょうか。選んで○をつけてください。
④カズオくんは、何を持ってきたら仲間に入れてあげると言われたでしょうか。選んで○をつけてください。
⑤みんなが砂場で作ったものはどれでしょうか。選んで○をつけてください。

〈時間〉　各10秒

〈解答〉　①右から２番目（目玉焼き）、右端（ウインナー）　②右から２番目（水玉）
③左から２番目（悲しい気持ち）　④左から２番目（バケツ）
⑤左から２番目（大きなお城）　［2021年度出題］

アドバイス

問題自体はそれほど難しいものではありませんが、お話が長いので最後まで集中して聞くことができるかどうかがポイントになります。まずは「聞く」ことを最優先に考えていきましょう。ここで言う「聞く」とは、お話を理解するという意味も含まれます。学習をする時には、細かな質問をするというよりは、「どんなお話だった？」と聞いてみましょう。お話の要約をさせるのです。要約するためには、ストーリーを順序立てて思い出したり、お話のシーンをイメージしたりすることが必要になります。そうした力は、お話の記憶の基本でもあり、それができれば大半の問題に対応できるので、「聞く力」を意識して学習に取り組むようにしてください。

【おすすめ問題集】

1話5分の読み聞かせお話集①・②、お話の記憶 初級編・中級編・上級編、
Ｊｒ・ウォッチャー12「日常生活」、19「お話の記憶」

問題34　分野：数量（一対多の対応）

〈準備〉　鉛筆

〈問題〉　下の段に描いてある車には、タイヤがいくつ必要でしょうか。その数の分だけ上の段のタイヤに○をつけてください。

〈時間〉　1分

〈解答〉　タイヤ20本に○をつける

［2021年度出題］

アドバイス

基本的なことですが、車のタイヤは4本です。問題の絵は真横から見た車のボディなので、お子さまは1台に対しタイヤは2本と考えてしまうかもしれません。細かなことかもしれませんが注意してください。その考え方さえ理解できていれば、後は数えるだけです。本問では、全部でタイヤが何本必要かが問われていますが、「一対多の対応」では、「1台分ずつ○で囲む」や「（タイヤだけを示して）何台分あるか」といった問われ方もします。目先の形にとらわれず、何を問われているのかを見極める力をつけていきましょう。そうした力は、最近の小学校入試で求められることが多くなってきています。

【おすすめ問題集】

Ｊｒ・ウォッチャー42「一対多の対応」

問題35　分野：図形（鏡図形）

〈準　備〉　鉛筆

〈問　題〉　左端の形を鏡に映すとどのように見えるでしょうか。右の四角の中から選んで○をつけてください。

〈時　間〉　１分

〈解　答〉　①右から２番目　②左端　③右端

［2021年度出題］

アドバイス

「鏡図形」とは、鏡に映した時の形をイメージするもので、一般的には元の形から左右が反転した形になります。こうした問題にはじめて取り組む場合、頭の中で考えても理解するのは難しいでしょう。そのような時は、鏡図形の名前の通り、実際に鏡に映してみるとよいでしょう。小学校受験の多くの問題は、実体験を通じて得られる知識を聞くものです。特に図形問題では、目で見て、自分で動かして、感じることが重要になります。解答時間が短いからといって、ペーパー学習の量を増やしてもスピードアップにはつながりません。まずは、基本的な考え方をしっかりと身に付けることから始めましょう。

【おすすめ問題集】
Ｊｒ・ウォッチャー48「鏡図形」

問題36　分野：図形（回転図形）

〈準　備〉　鉛筆

〈問　題〉　左端の形を矢印の方向に１回まわすとどのような形になるでしょうか。右の四角の中から選んで○をつけてください。

〈時　間〉　１分

〈解　答〉　①右から２番目　②左から２番目　③右から２番目

［2021年度出題］

アドバイス

本問も問題35と同じように実際に動かしてみることが大切です。「回転図形」ですから、今度は実際に回転させてどう変化するのかを目で見て感じましょう。また、小学校受験の回転図形の表現として「回す」「回転する」「倒す」といった言葉が出てきます。これらは、すべて同じことを意味します。本問のような四角で言えば、90度回転させることです。学校や問題集によって言い回しが異なることがあるので、これらが同じことだということをしっかりと理解させておきましょう。回転させた形を実際に書く形での出題もあるので、回転後の形をしっかりとイメージできるようにしておくことが大切です。

【おすすめ問題集】
Ｊｒ・ウォッチャー46「回転図形」

問題37　分野：図形（点図形・模写）

〈準 備〉　鉛筆

〈問 題〉　左の絵と同じになるように右の四角に描き写してください。

〈時 間〉　２分

〈解 答〉　省略

［2021年度出題］

アドバイス

多くの保護者の方から「とにかく時間が短かった」との声がありました。「座標」を理解していることはもちろん必要ですが、本問に関して言えば、慣れるしかないというのが正直なところです。どういう線をどの場所に引けばよいのかを頭で理解していても、実際に書くことができなければペーパーテストとしての評価は得られません。そうした処理能力の高さを求めているとも言えますが、困難な課題に対してあきらめずに取り組むことができているかという部分も重要な観点なのではないかと考えられます。「最後までていねいに線を引いているのか」「あきらめて雑になっているのか」といったところは確実に観られているでしょう。

【おすすめ問題集】

Ｊｒ・ウォッチャー１「点・線図形」、２「座標」、51「運筆①」、52「運筆②」

問題38　分野：常識、言語（理科、言葉の音）

〈準 備〉　クーピーペン（赤、青）

〈問 題〉　①タンポポの絵に赤で○をつけてください。カエルの絵に青で△をつけてください。
②タンポポと同じ音の数の絵に赤で○をつけてください。カエルと同じ音の数の絵に青で△をつけてください。

〈時 間〉　①15秒　②30秒

〈解 答〉　下図参照

［2021年度出題］

アドバイス

2021年度の入試から筆記用具の色を使い分ける問題が出題されました。筆記用具持参だったのである程度の予測はついたと思いますが、こうしたちょっとした変化でもお子さまにとっては戸惑いの原因になります。また、試験の前には必ず説明や指示があるので、先生の話を聞くことを徹底してください。本問では複数の指示がまとめて出されるために、どう解答するかも考えなければいけません。常識・言語の問題ではありますが、知識だけでなく、指示をしっかりと理解できているかという部分も観られています。当校の問題には、こうしたプラスアルファの観点がよく見受けられます。

【おすすめ問題集】

Ｊｒ・ウォッチャー27「理科」、55「理科②」、60「言葉の音（おん）」

問題39　分野：常識（季節）

〈準備〉　クーピーペン（赤、青）

〈問題〉　タケノコと同じ季節のものに青で□をつけてください。ピーマンと同じ季節のものに赤で○をつけてください。

〈時間〉　１分

〈解答〉　下図参照

[2021年度出題]

アドバイス

選択肢が多く、季節とは関係のない絵も混じっているので、悩んでしまったお子さまも多かったのではないでしょうか。そもそも季節に関係あるものなのか、季節がいつなのかがわかりにくいものもあります。例えば、上から３段目左端のイチゴは春のものと思いがちですが、サクランボやイチゴは夏のもので、間違いやすいので注意を要するものです。試験本番で見たこともないものやわからないものが出てきた時に、「これは誰にもわからない」と考えて引きずらないことも重要です。わからないと悩んで、後の問題に影響が出てしまうことが１番よくないので、次に切り替える意識を持てるようにしてください。

【おすすめ問題集】

Ｊｒ・ウォッチャー34「季節」

問題40　分野：行動観察（運動）

〈準 備〉　なし

〈問 題〉　この問題の絵はありません。

①手をグーパーグーパーと閉じたり開いたりしてください。片足ずつ足をブラブラさせてください。
②足ジャンケンをします。負けた人あいこの人は椅子に座って待っていてください（最後の１人になるまで続ける）。
③片足立ちをしてください。８秒間がんばりましょう（終わったら反対の足で）。
④先生が身体の場所を言うので、その場所を触ってください。ただし、「先生が」と言わない時は触ってはいけません（例「先生が鼻を触ります」の時は触る。「鼻を触ります」の時は触らない）。

〈時 間〉　適宜

〈解 答〉　省略

［2021年度出題］

アドバイス

今年度の行動観察は、ペーパーテストを行った教室でそのまま実施されました。その場でできるものばかりで、運動というよりは、指示行動と言った方が正確かもしれません。ゲーム的な要素が入っている課題もあったので、お子さまは楽しみながらできたのではないでしょうか。そんな中でも、「指示が理解できているか」「指示通りの行動ができているか」といったポイントはしっかり観られています。シンプルな課題だからこそ、その取り組み方に違いが出ます。「できる」と「きちんとできる」には大きな差があります。どんな課題でも一生懸命やり抜くという姿勢が大切です。

【おすすめ問題集】

新運動テスト問題集、Ｊｒ・ウォッチャー28「運動」

問題 1

①

②

③

④

問題2－1

①

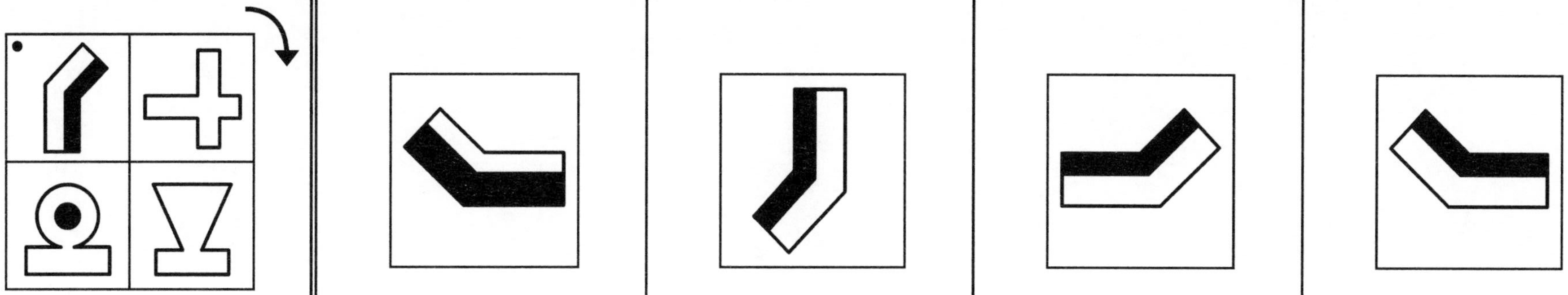

②

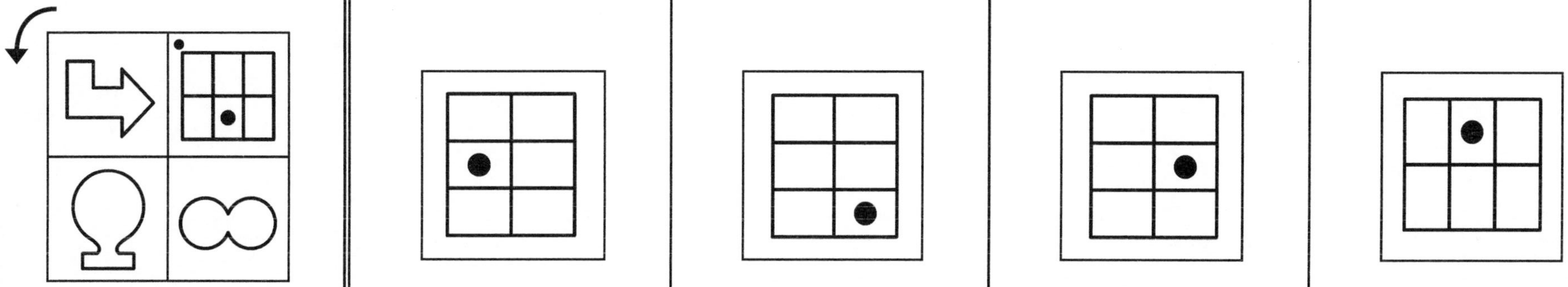

③

日本学習図書株式会社

2025 年度 東京農業大学稲花小学校 過去 無断複製／転載を禁ずる

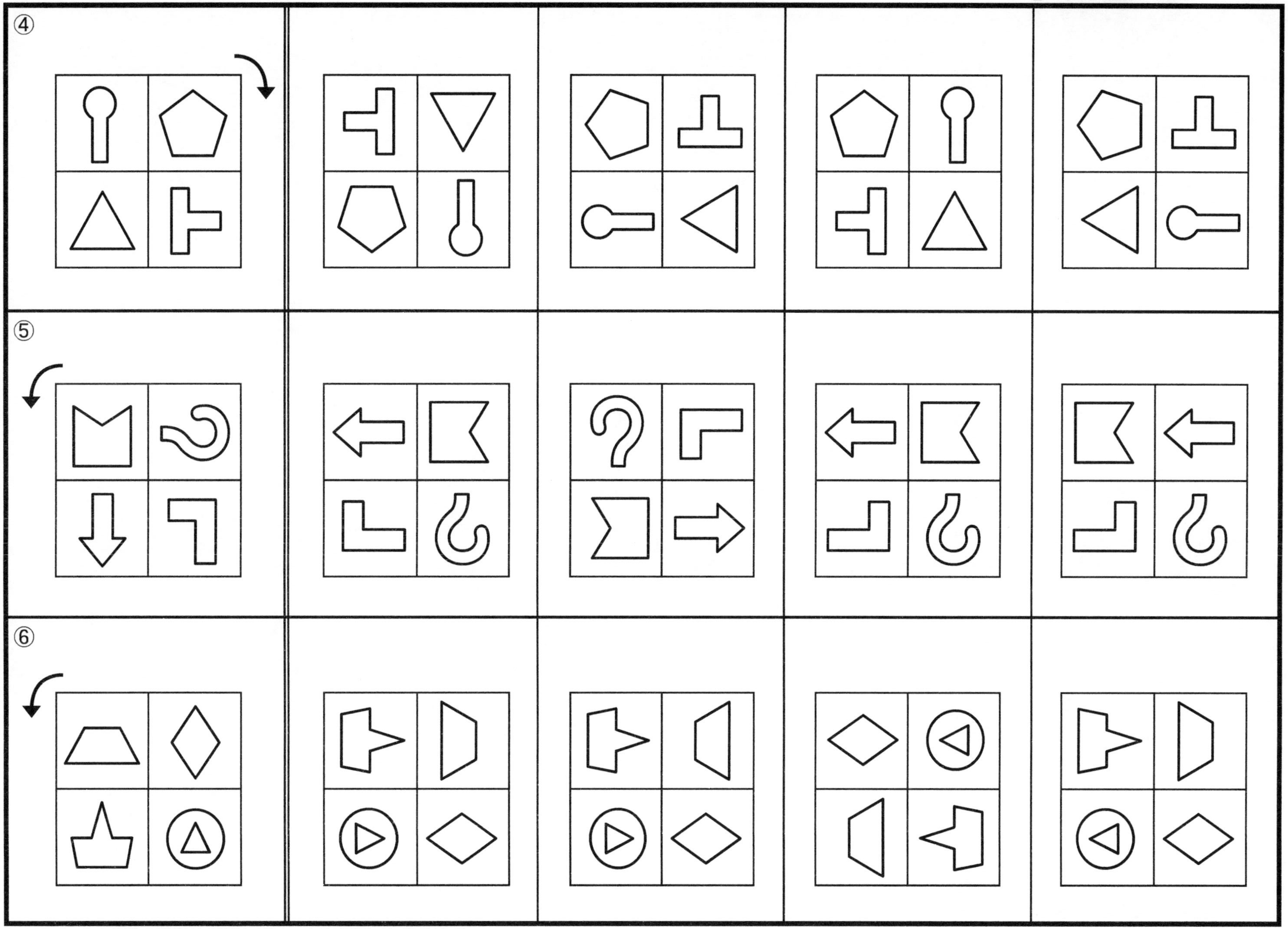

問題3－1

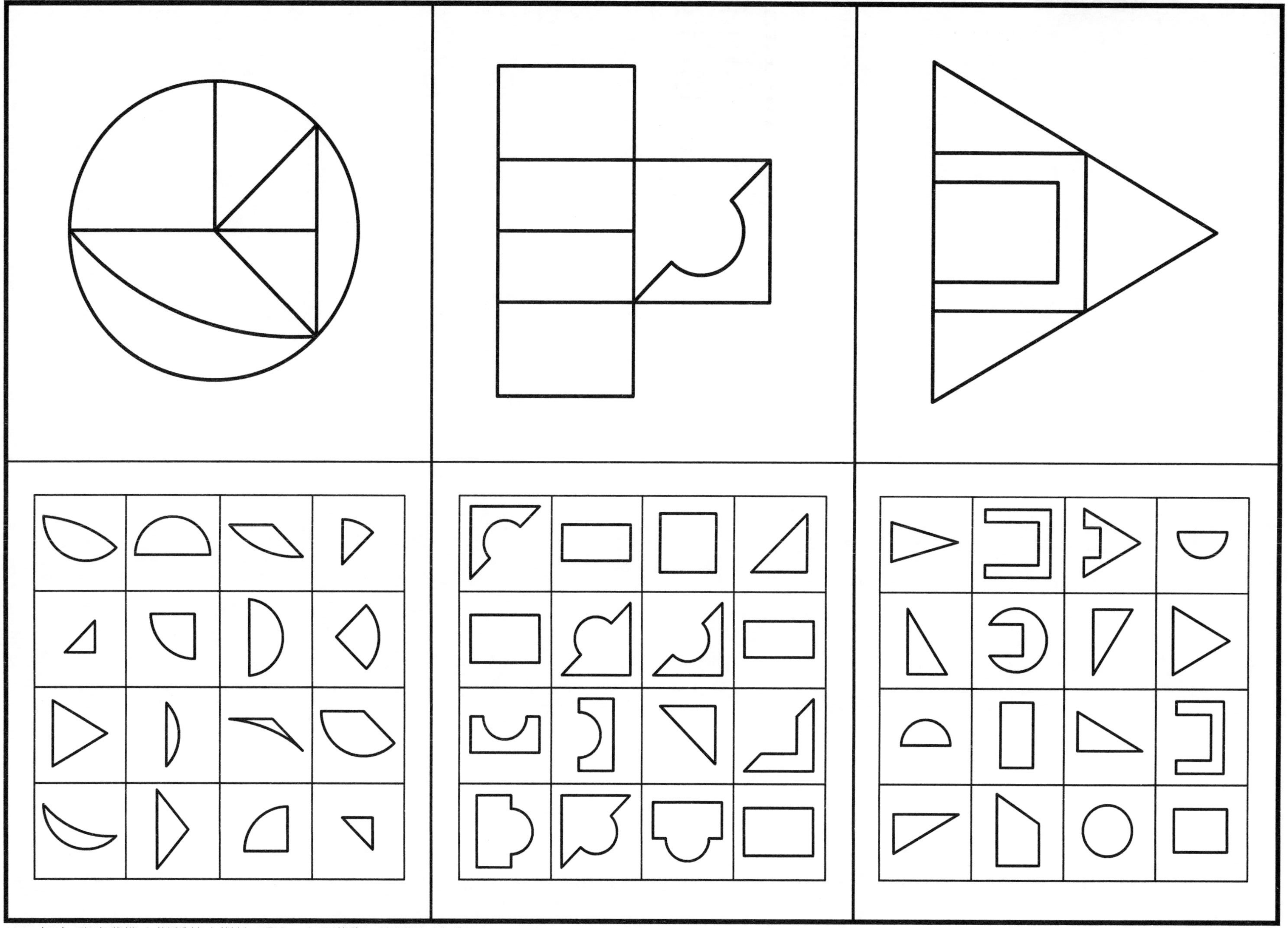

2025 年度 東京農業大学稲花小学校 過去 無断複製／転載を禁ずる 日本学習図書株式会社

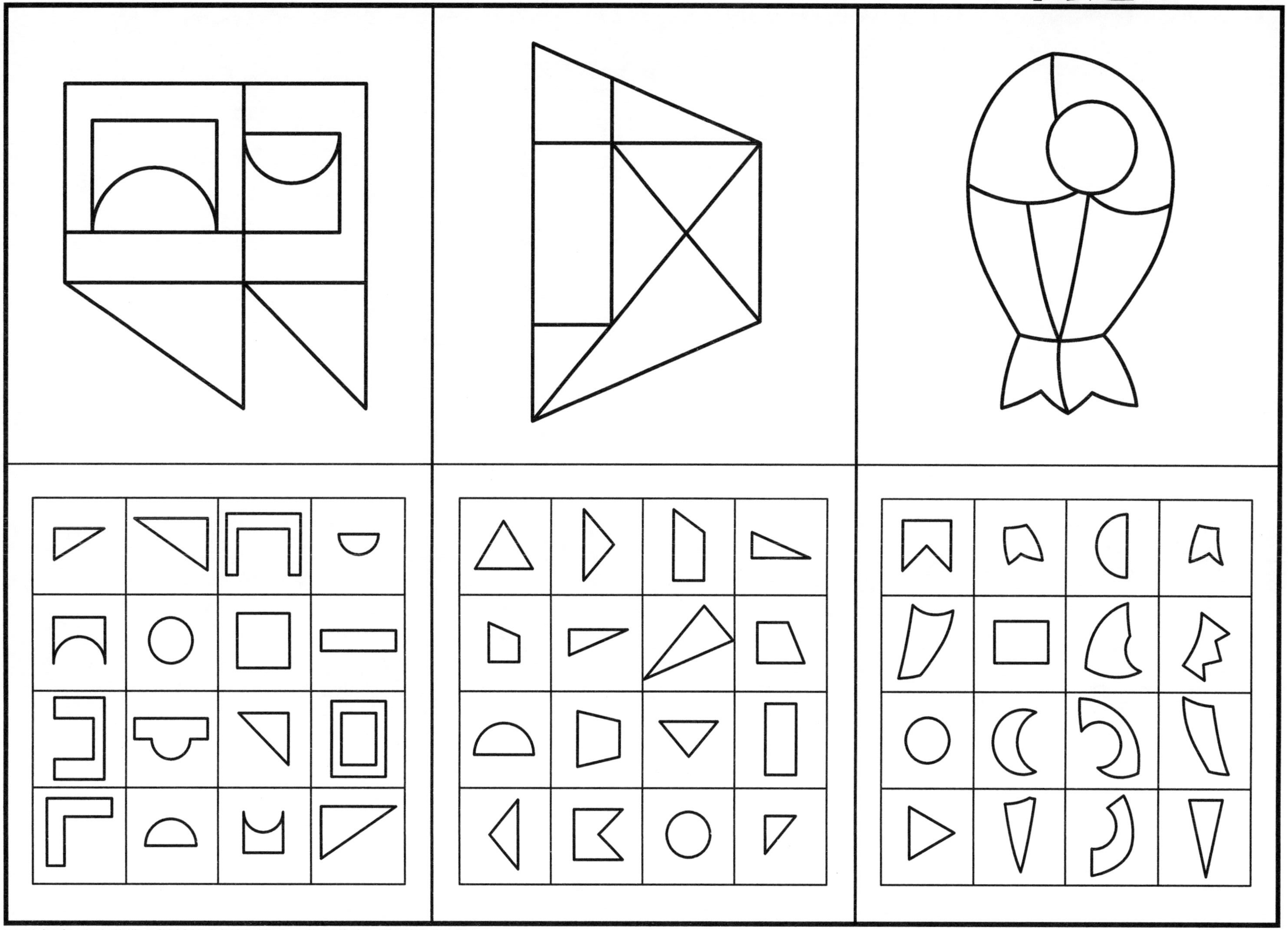

問題4

①

②

③

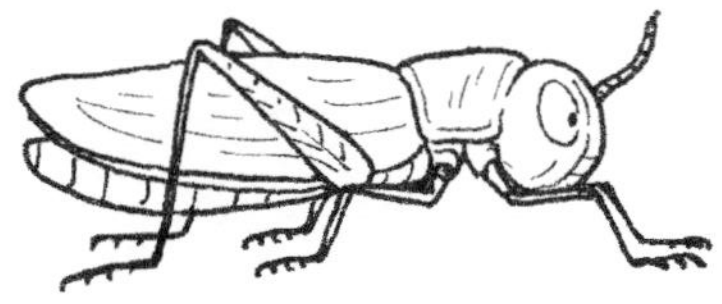

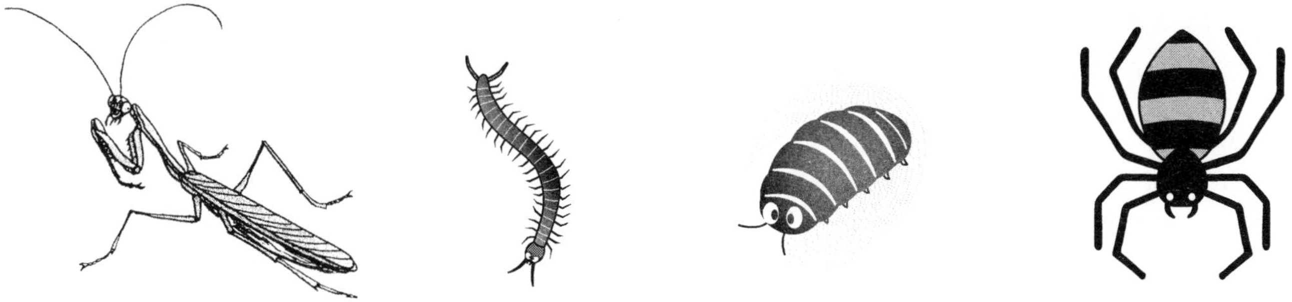

問題5

③

②

①

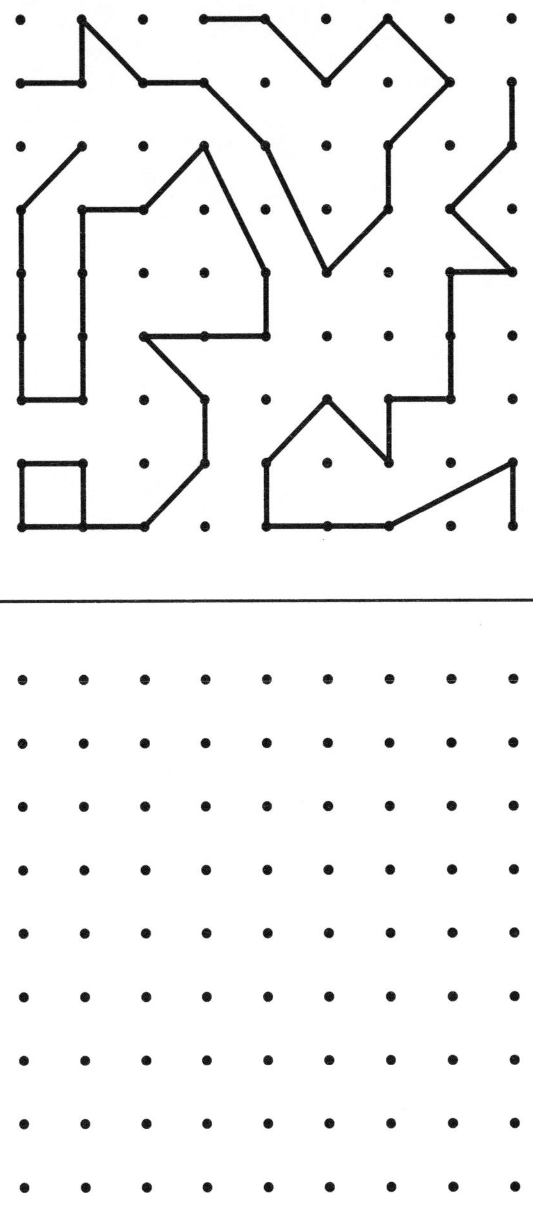

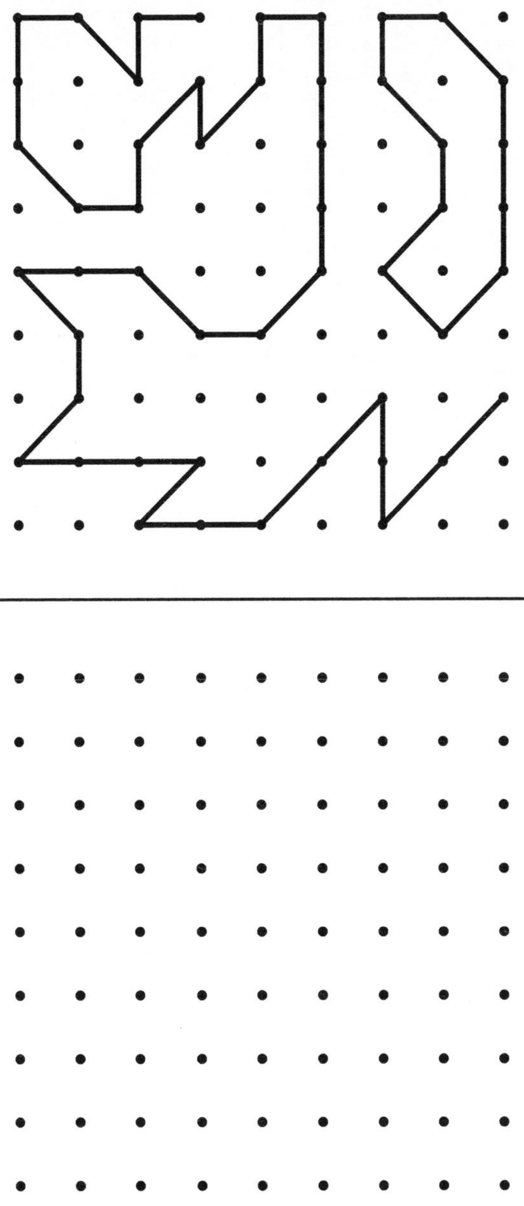

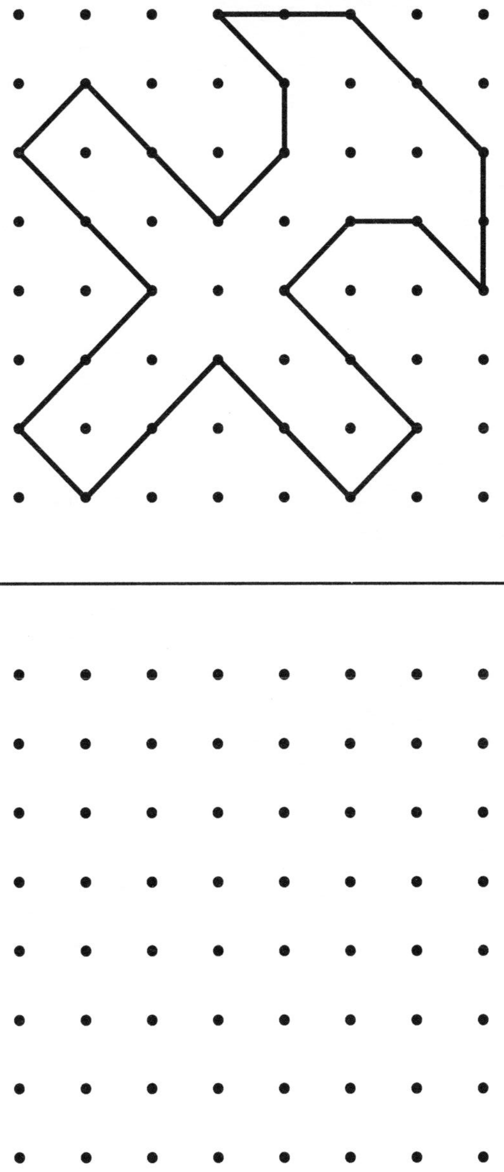

問題6－2

④

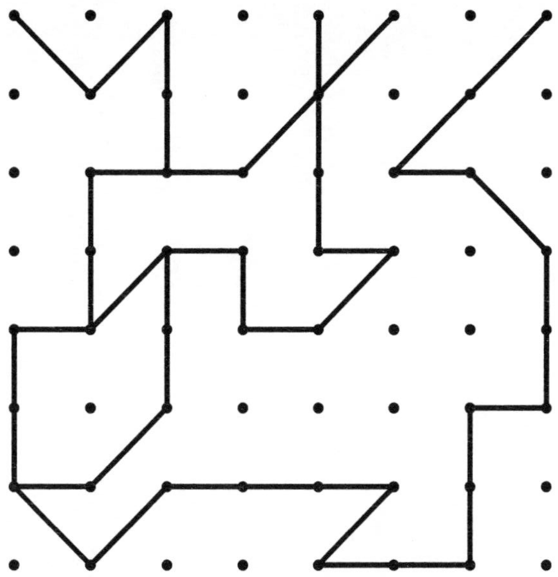

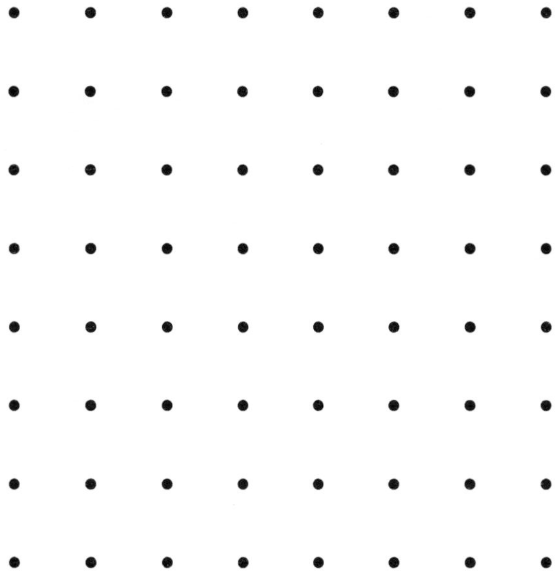

⑤

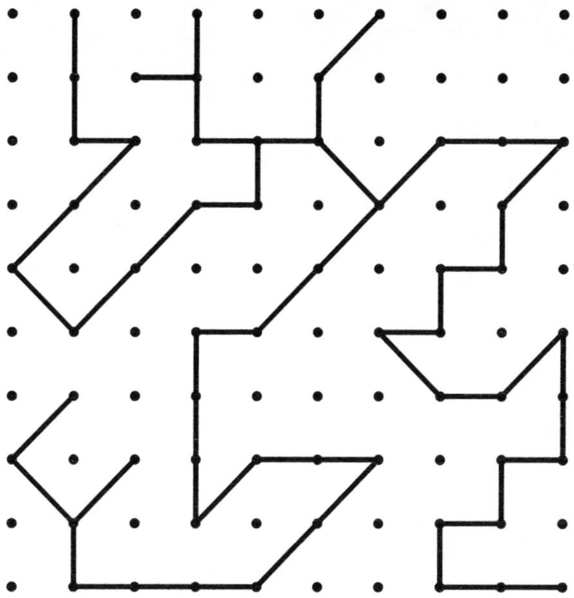

問題7－1

①

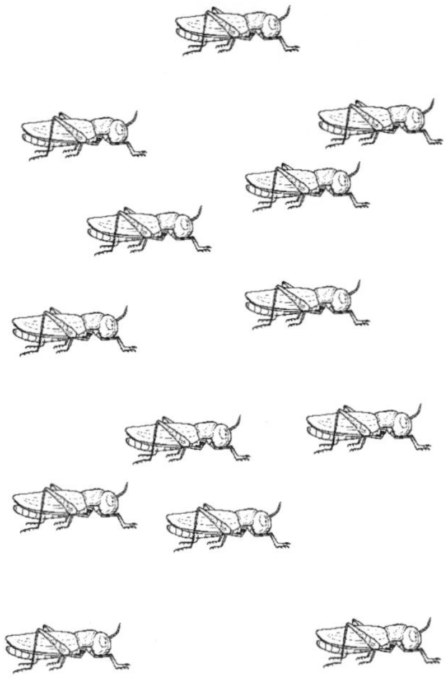

②

③

④

問題7－2

⑤

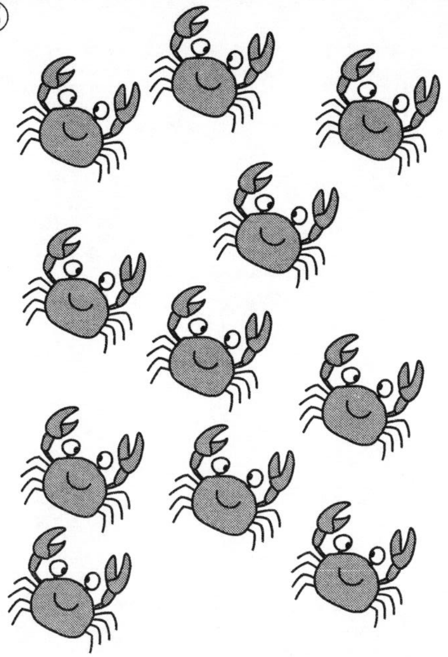

⑥

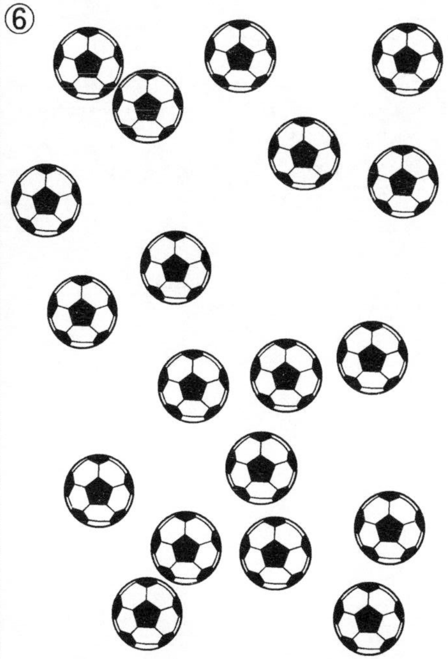

⑦

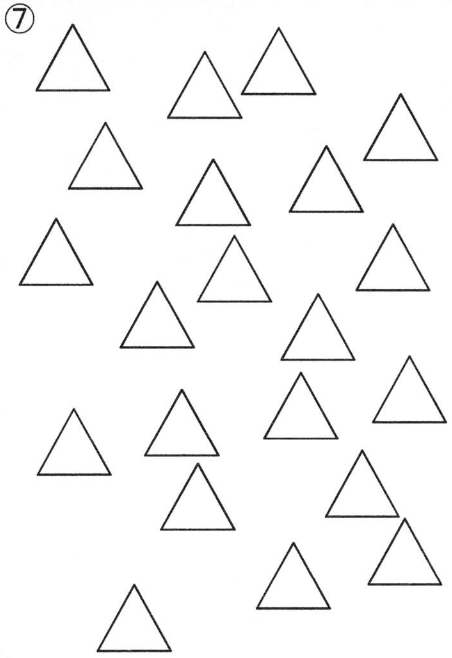

⑧

日本学習図書株式会社

① ② ③

2025 年度 東京農業大学稲花小学校 過去 無断複製／転載を禁ずる

日本学習図書株式会社

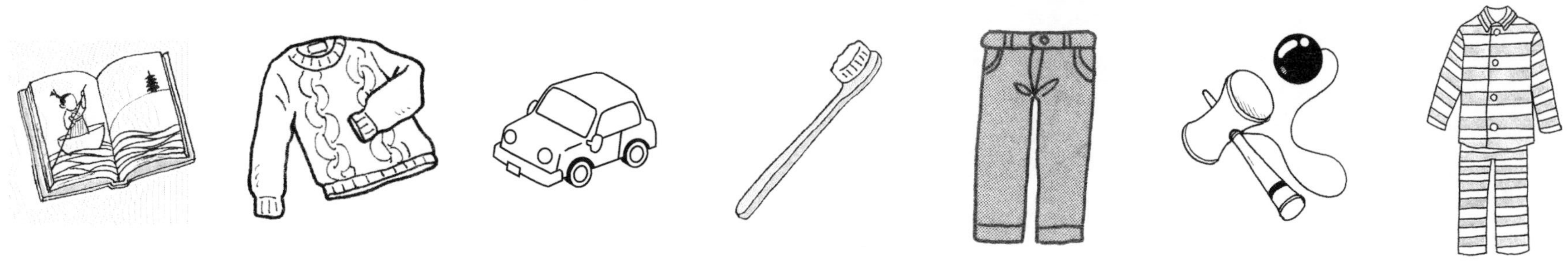

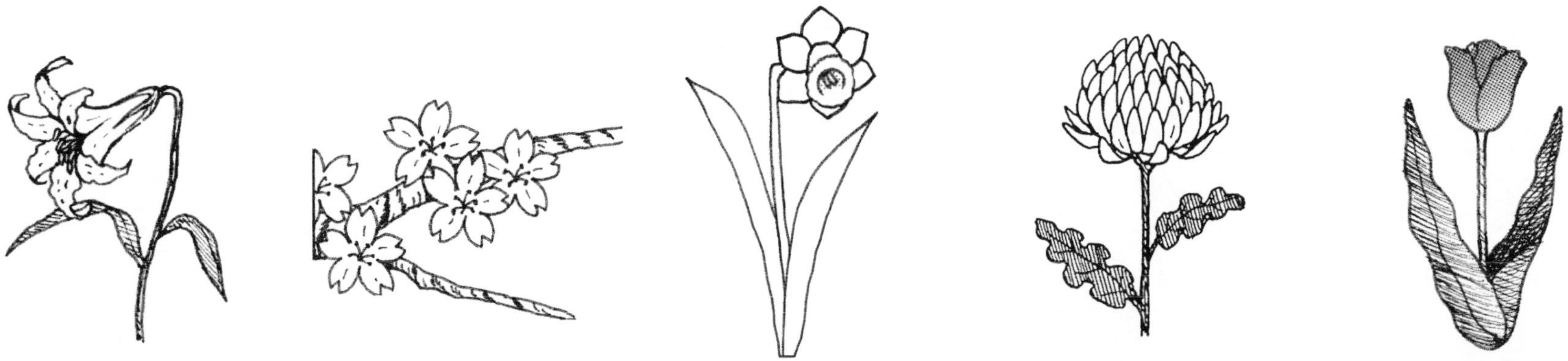

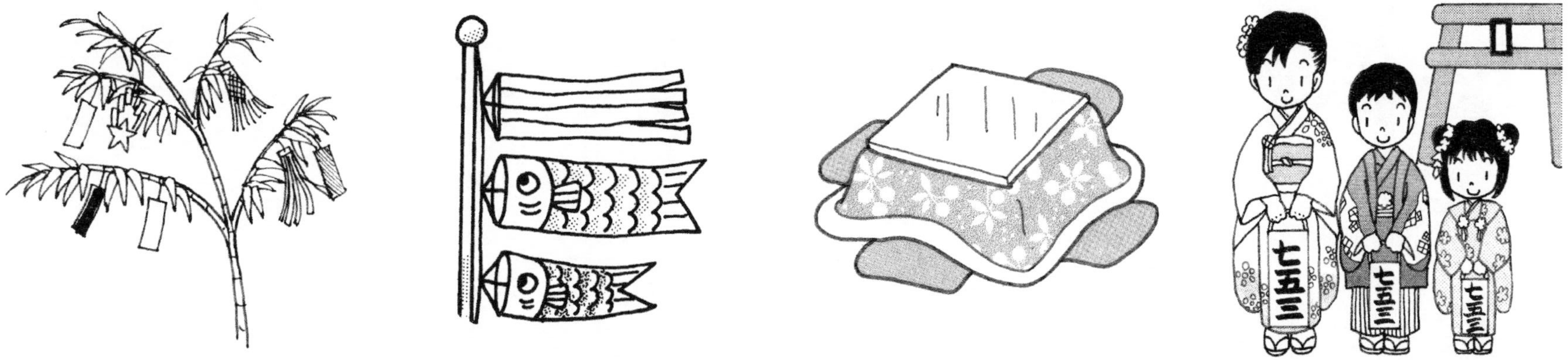

問題１２

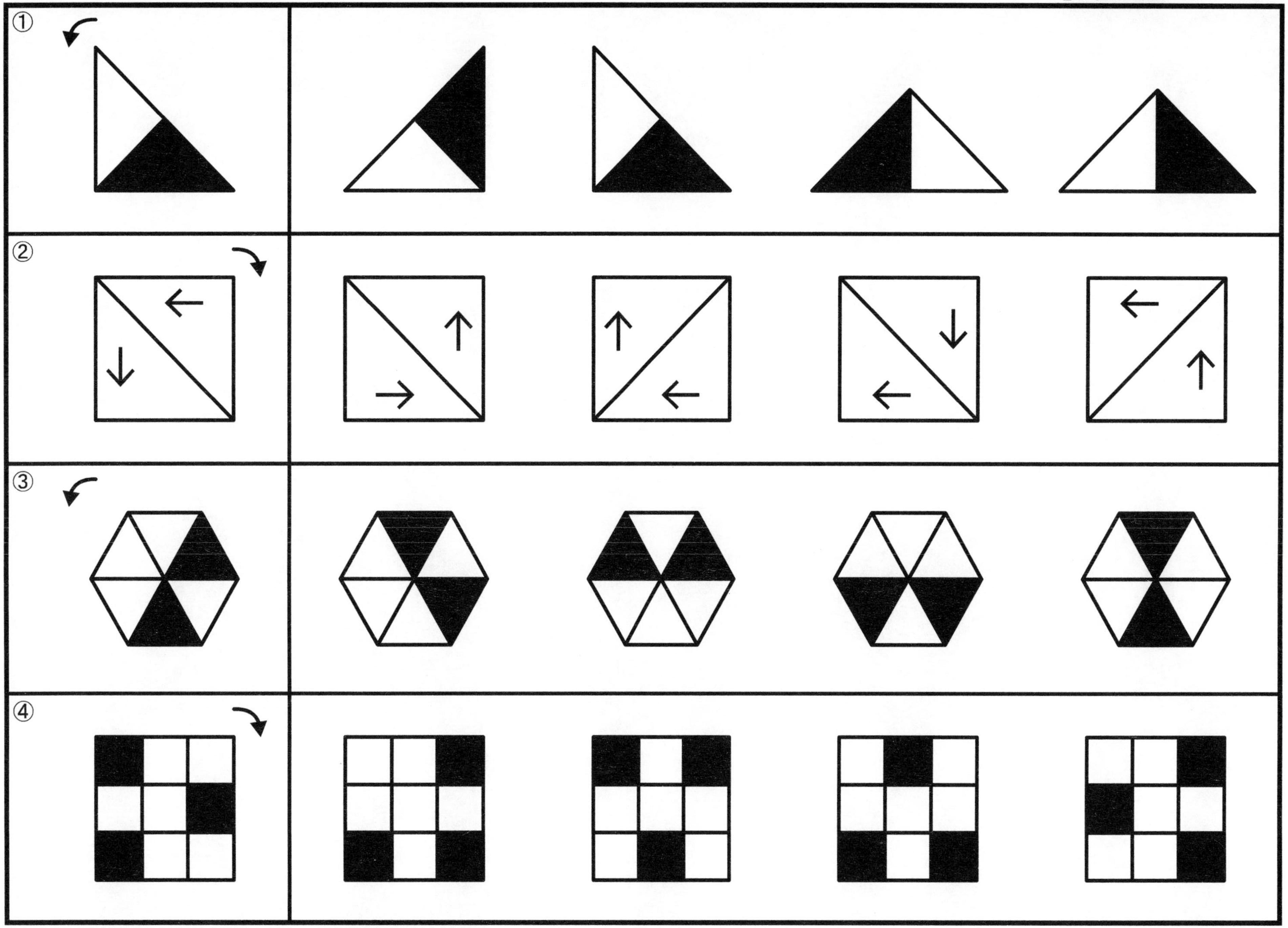

2025 年度 東京農業大学稲花小学校 過去 無断複製／転載を禁ずる 日本学習図書株式会社

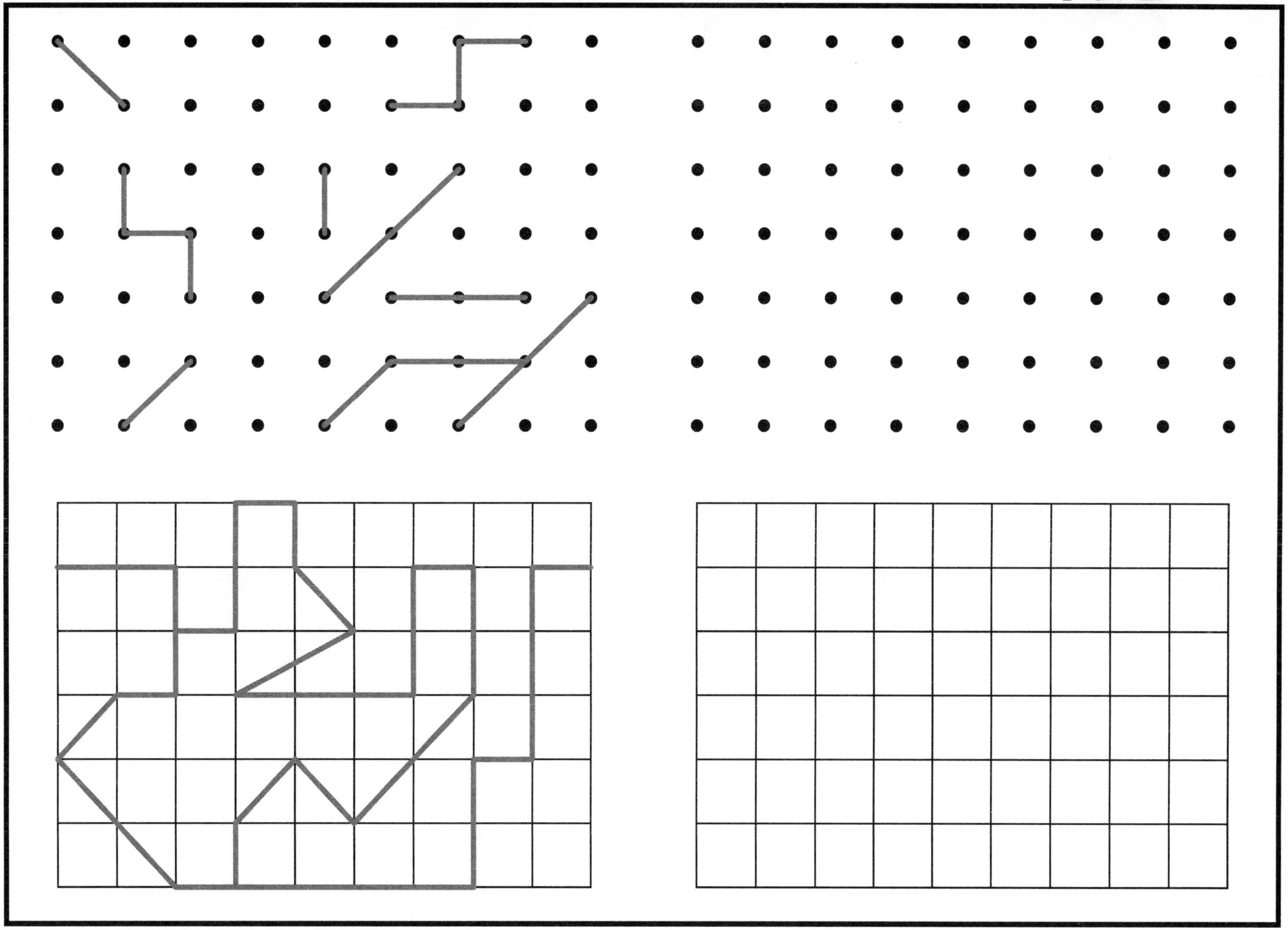

問題１４

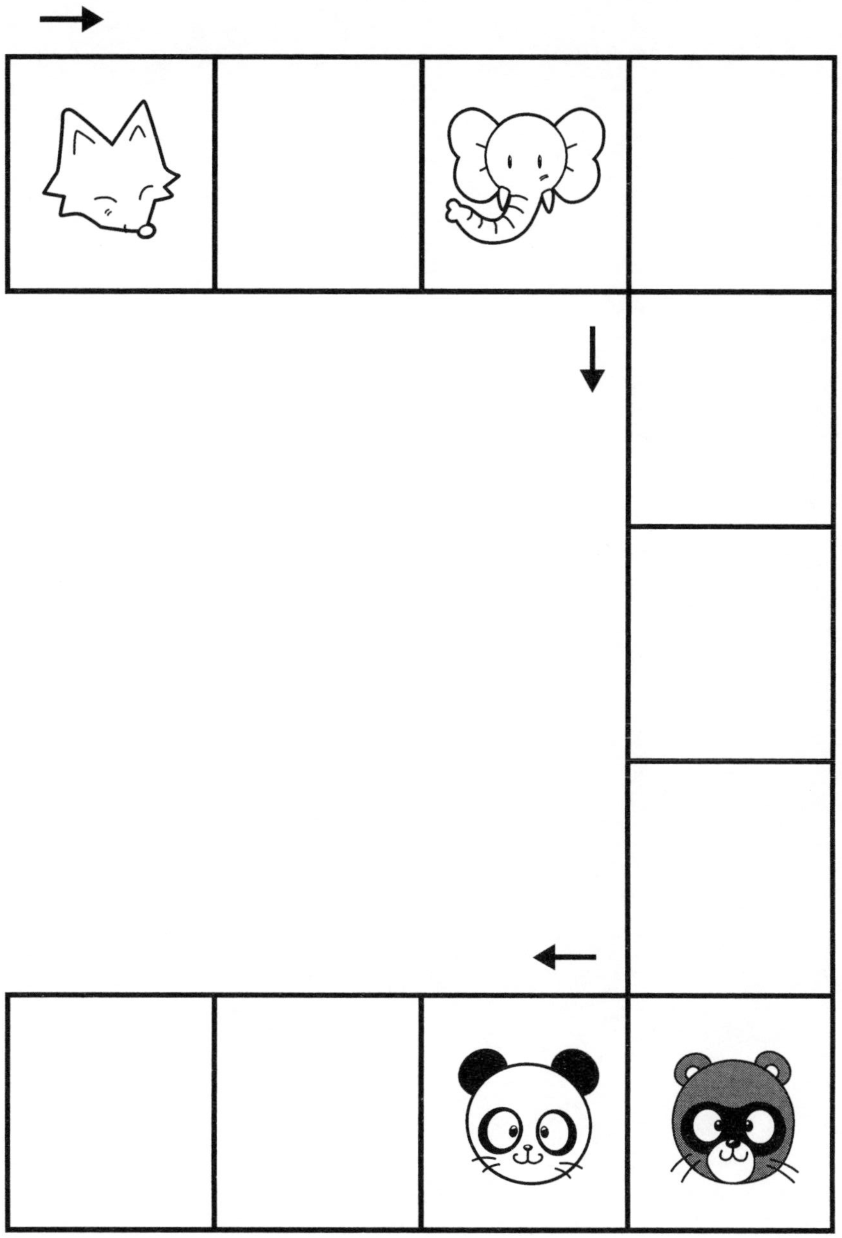

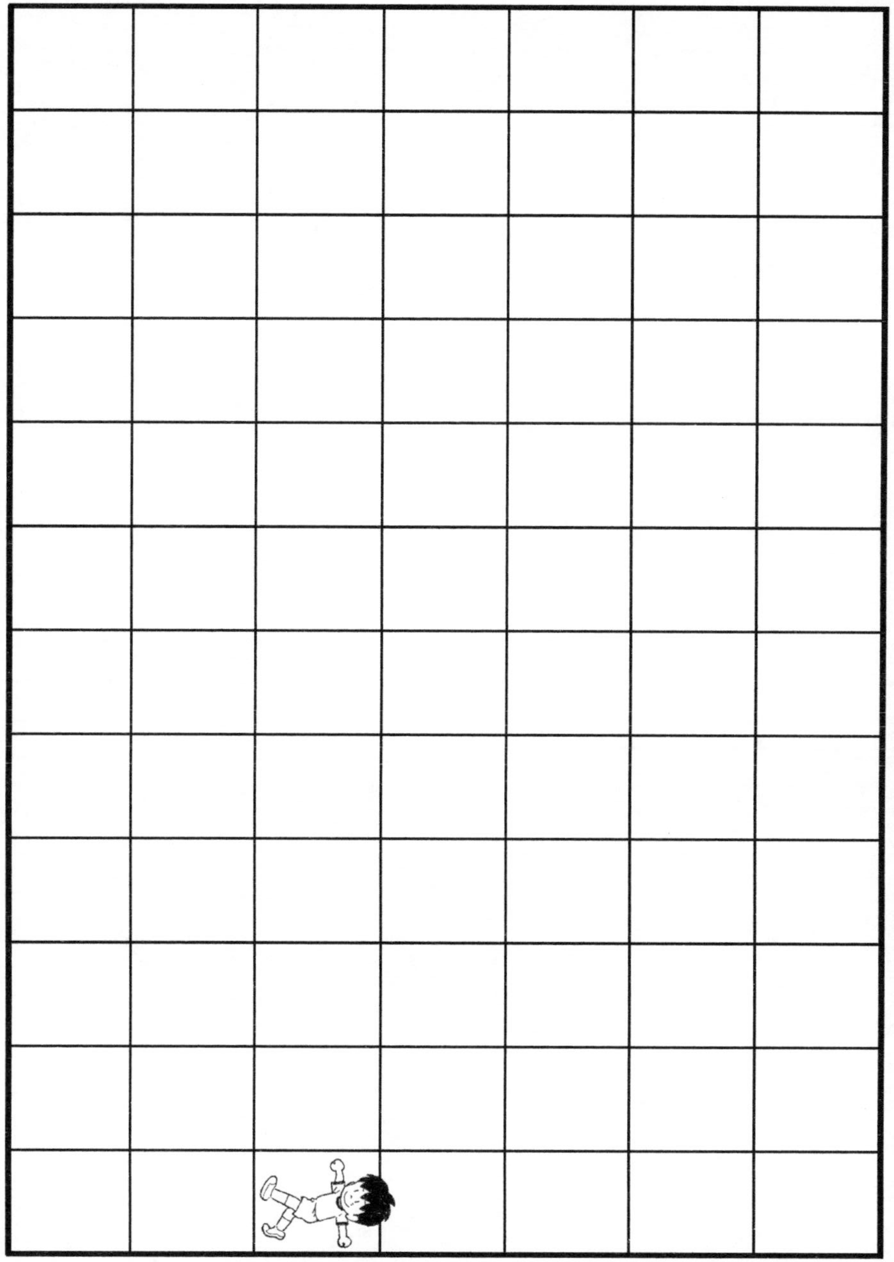

2025 年度 東京農業大学稲花小学校 過去 無断複製／転載を禁ずる 日本学習図書株式会社

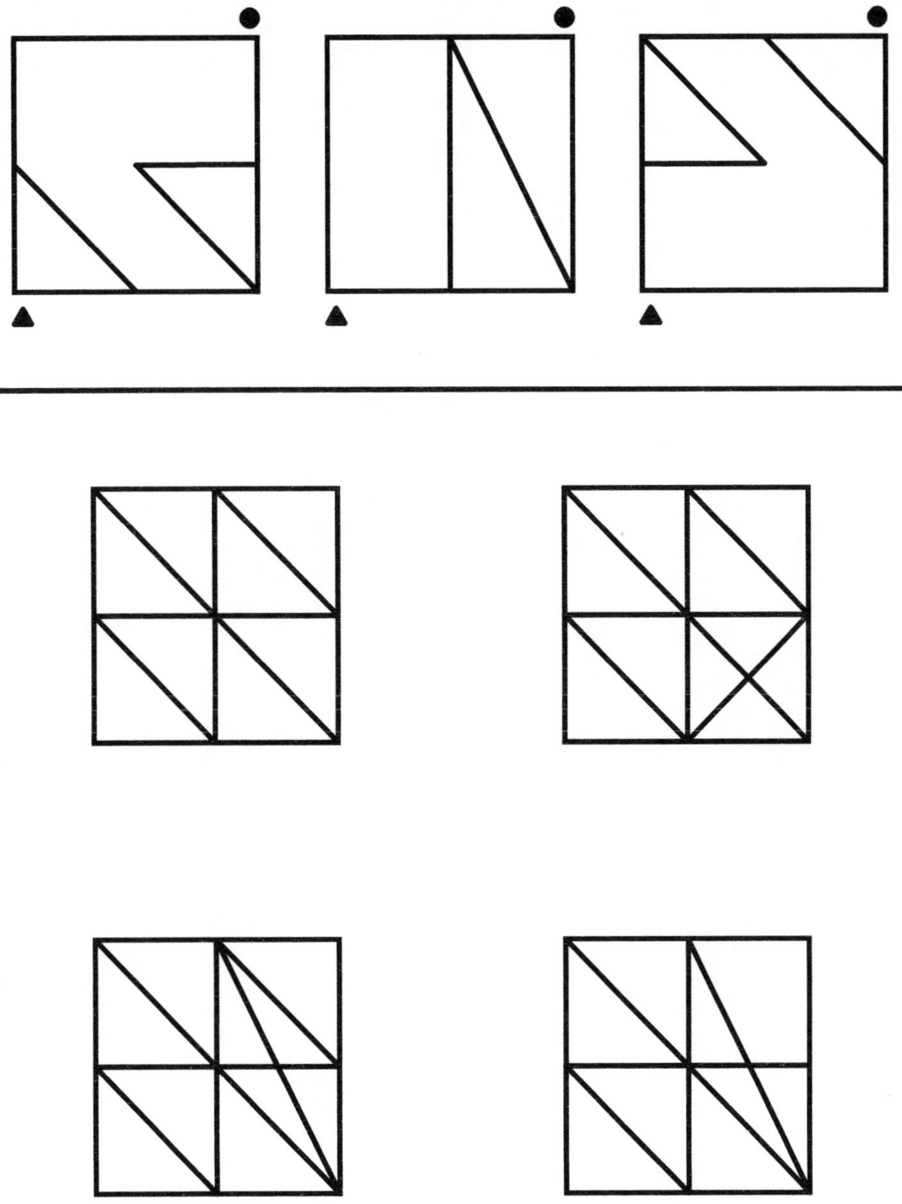

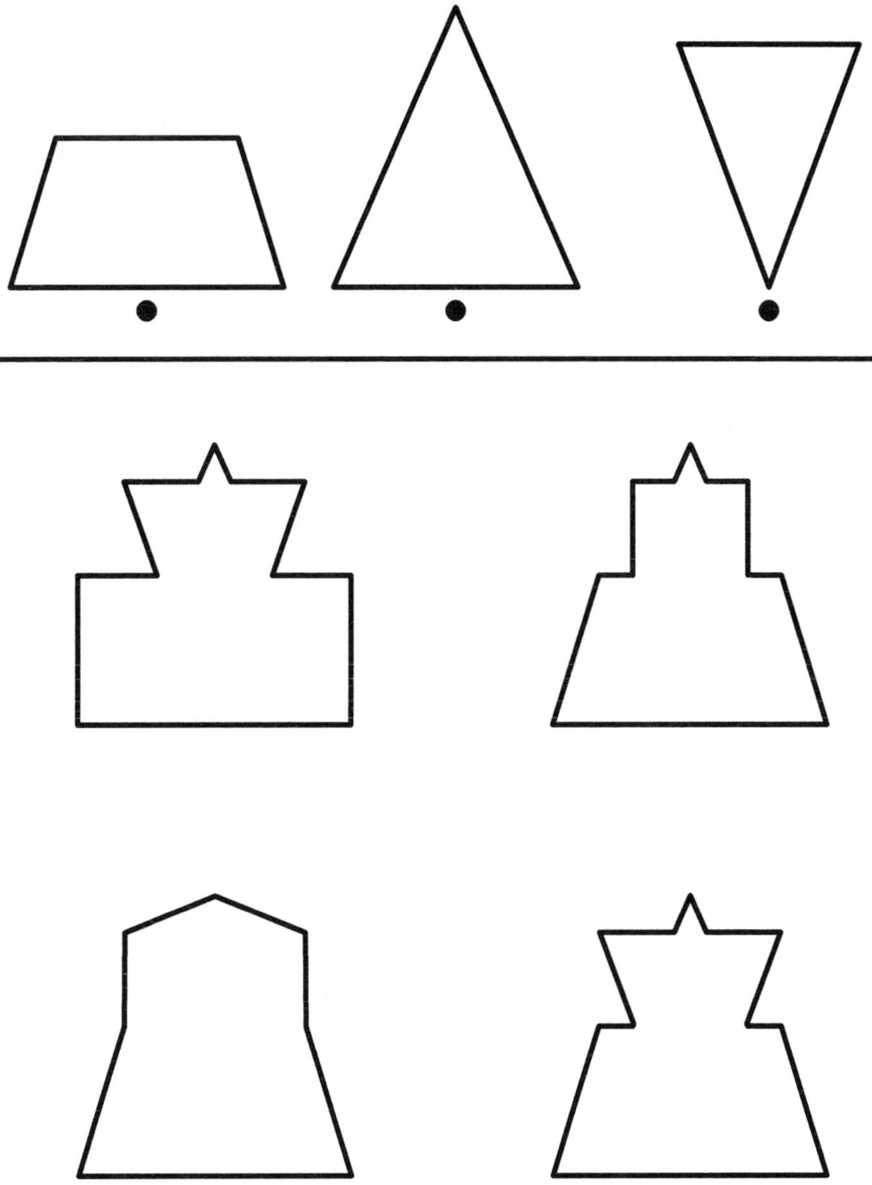

問題16

① ② ③

2025 年度 東京農業大学稲花小学校 過去 無断複製／転載を禁ずる

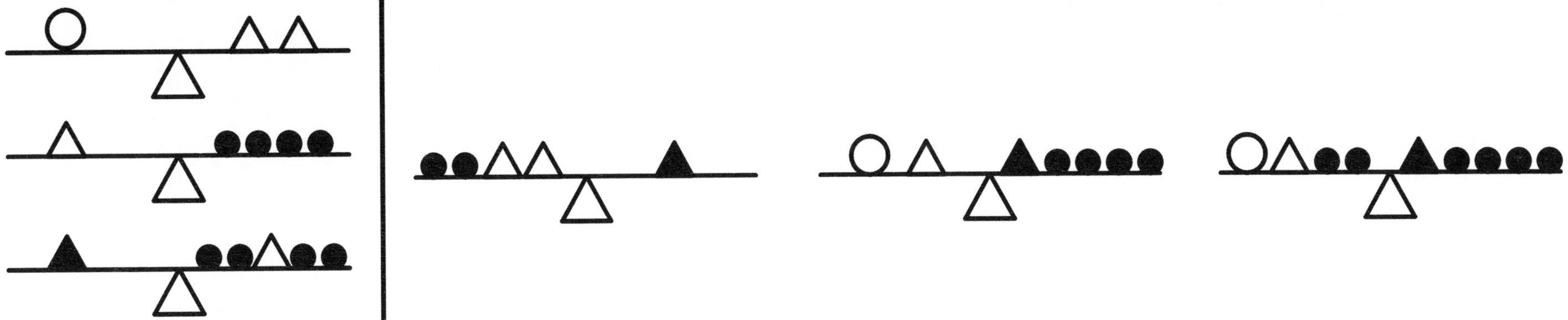

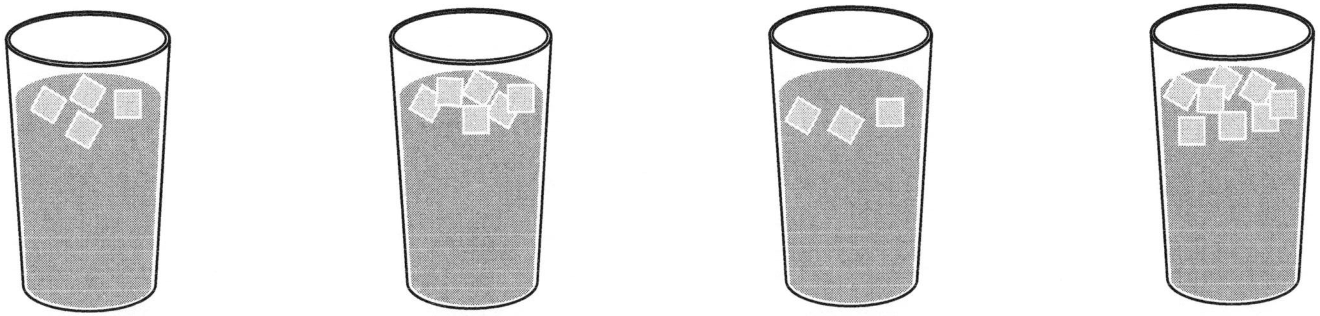

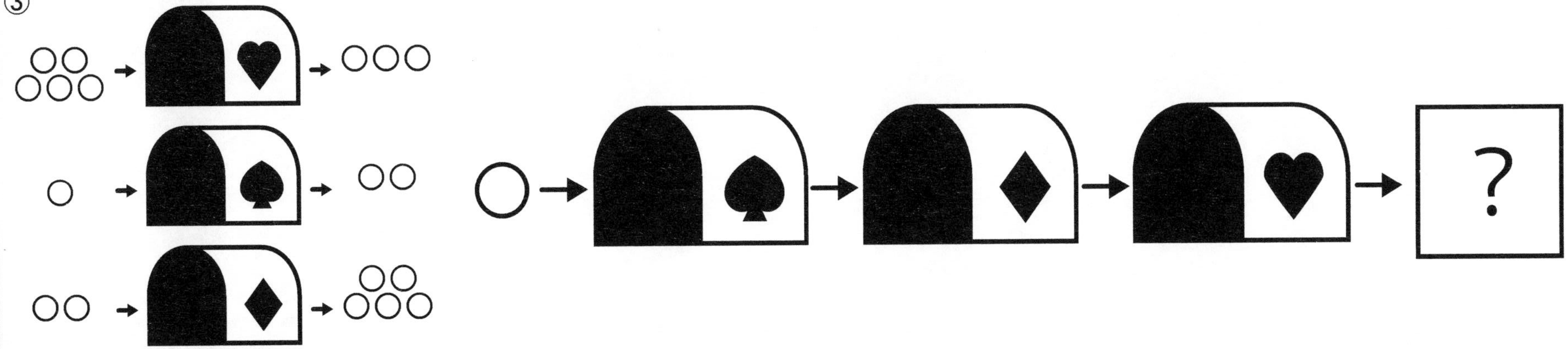

問題17

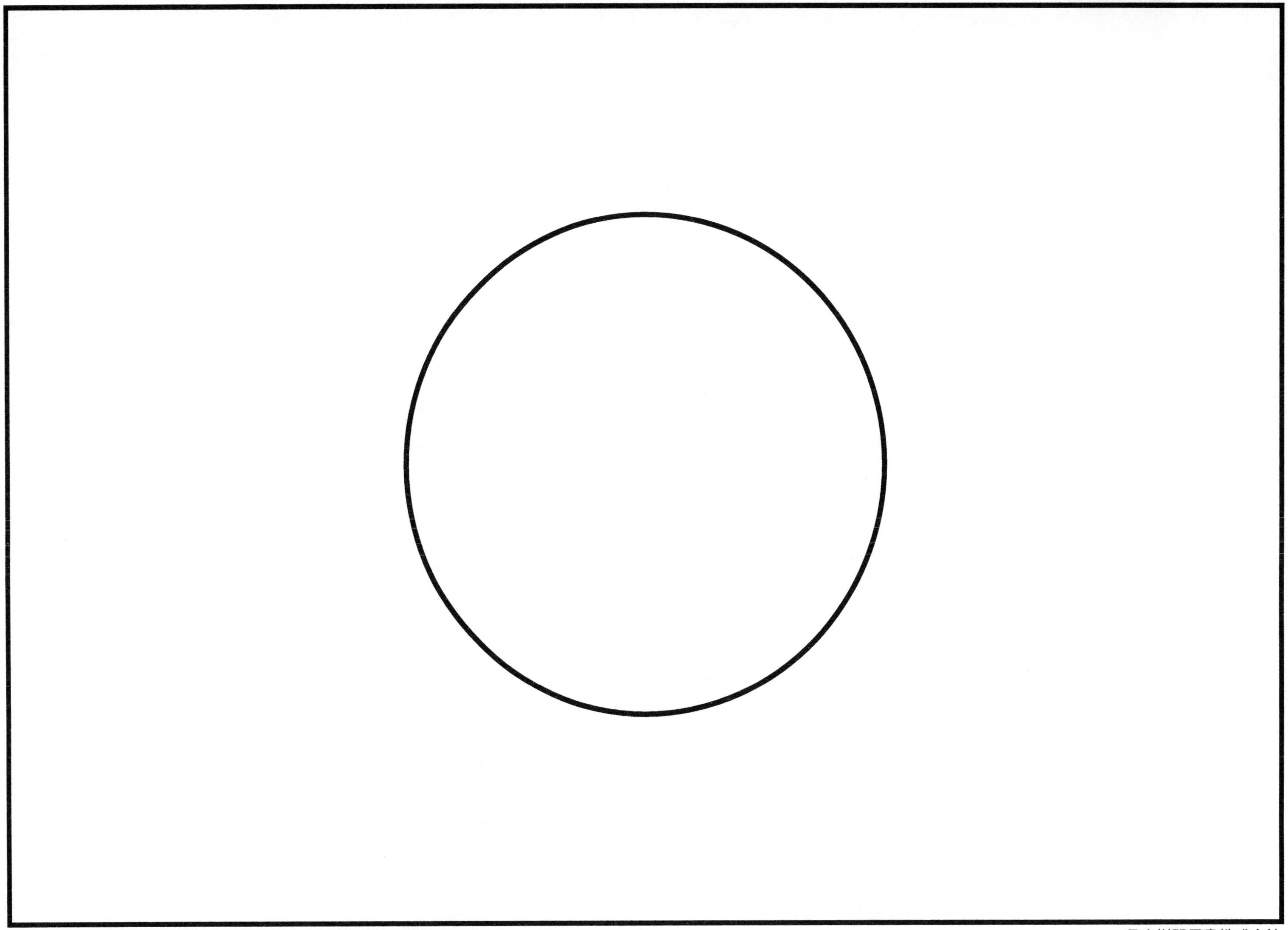

①
②
③

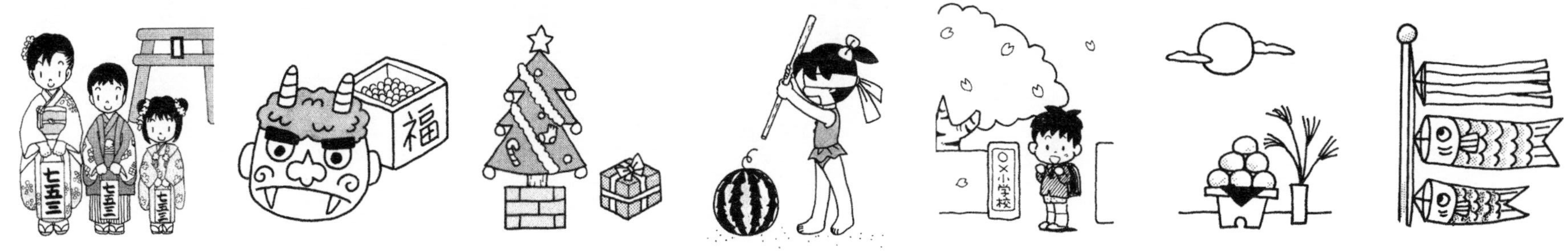

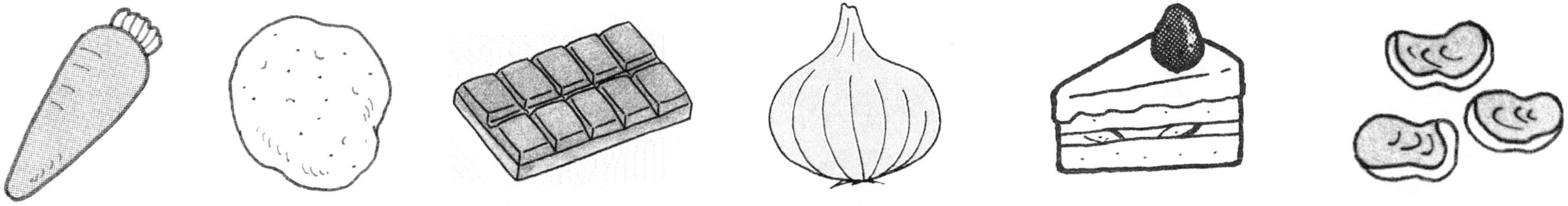

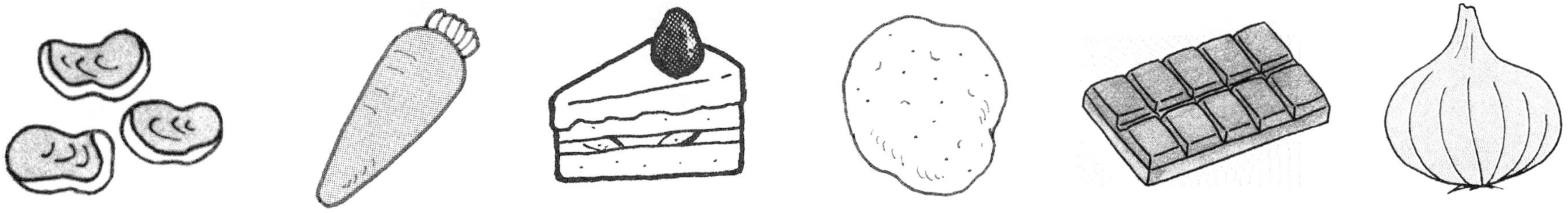

①

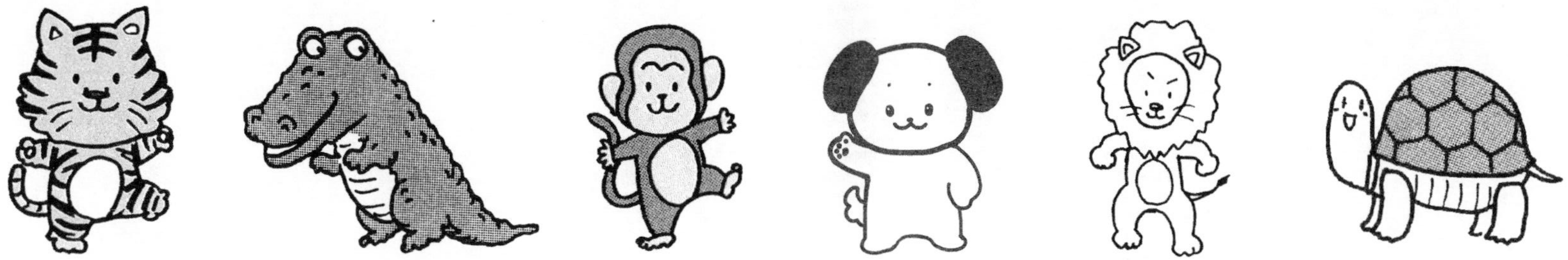

②

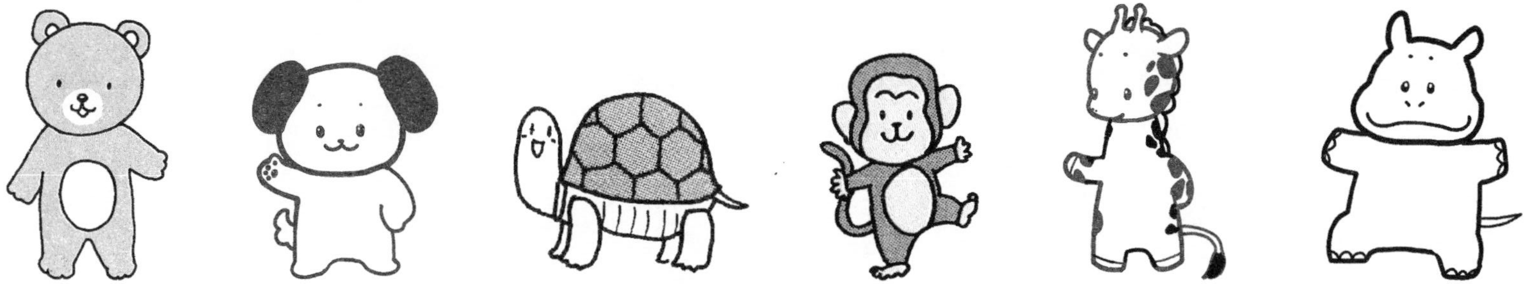

③

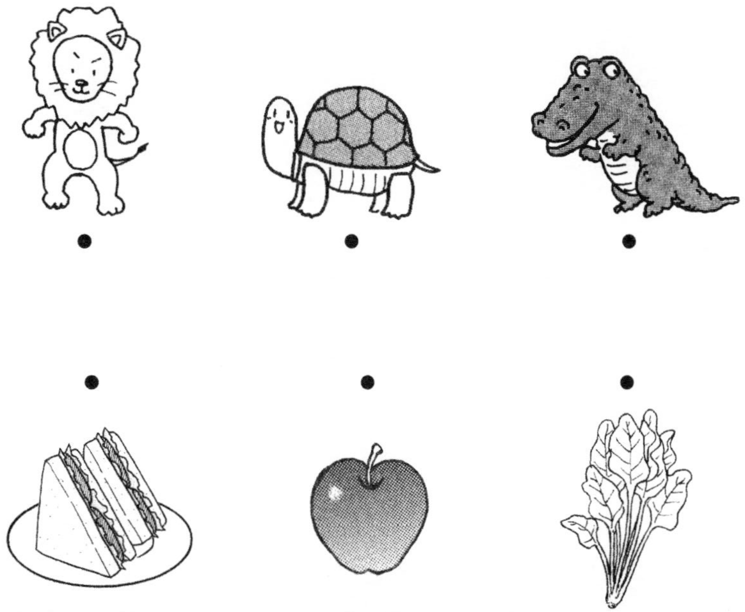

④

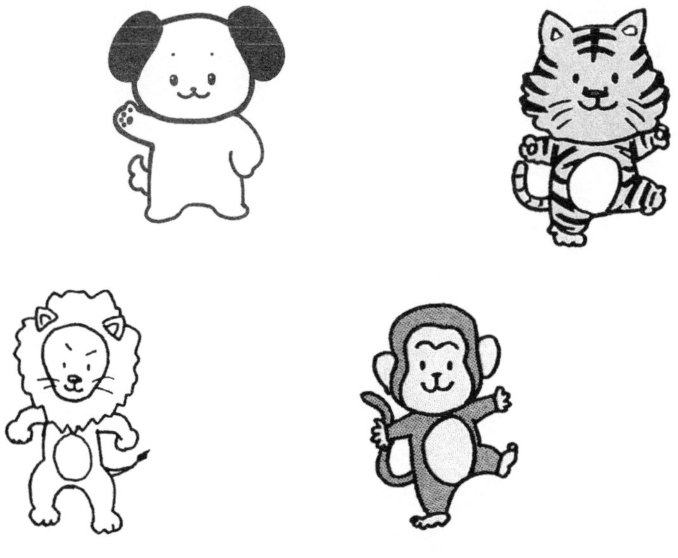

問題22

① ② ③ ④

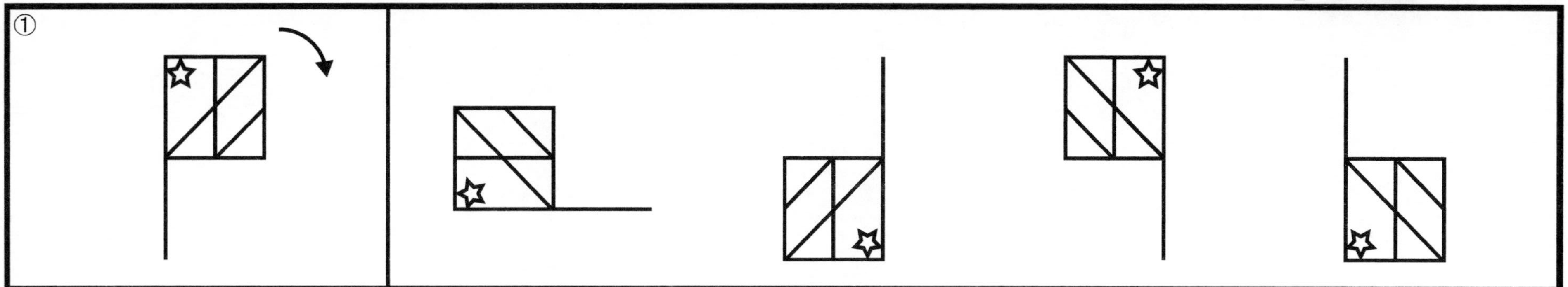

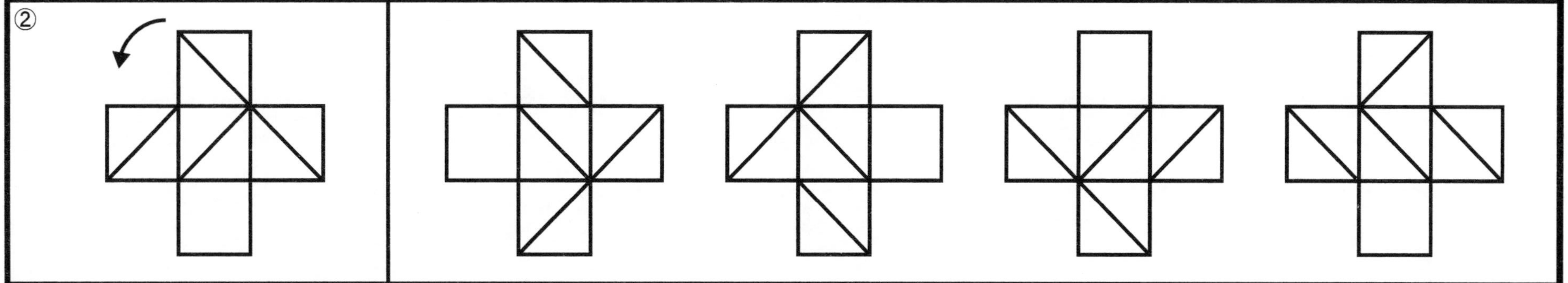

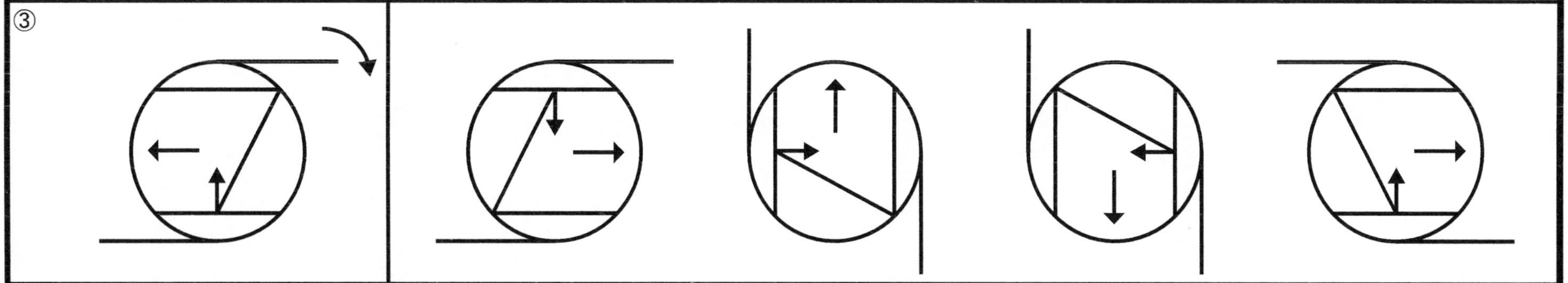

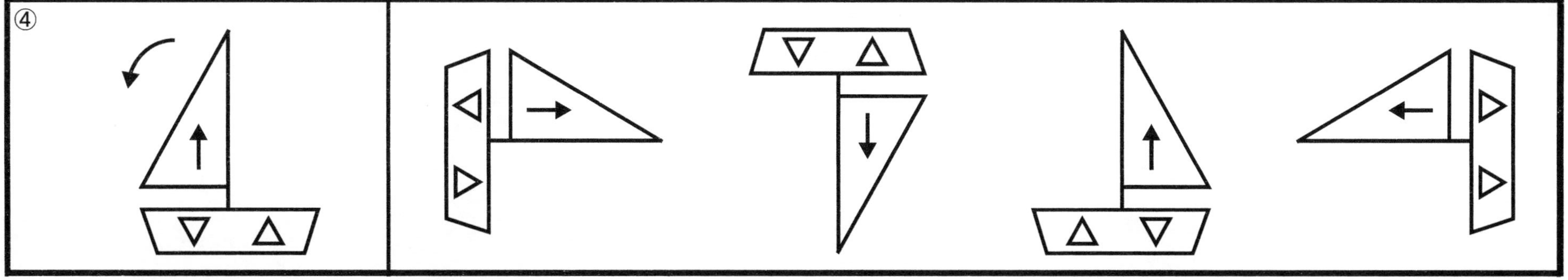

問題２３

①

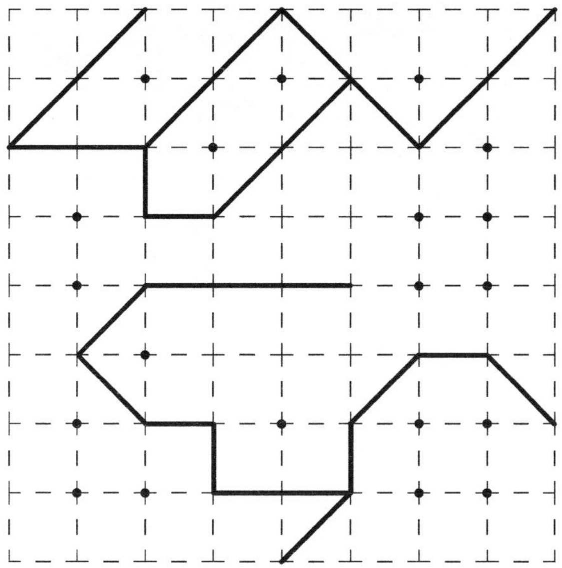

②

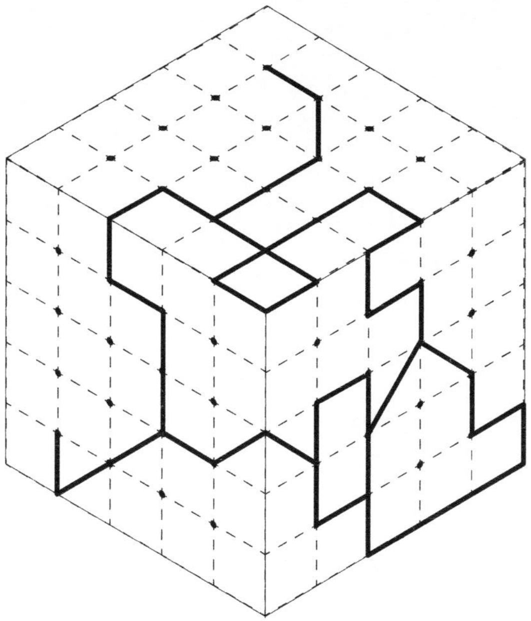

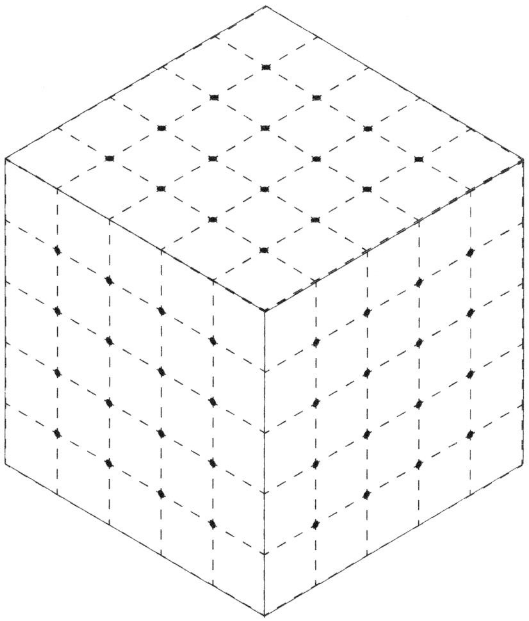

① ② ③ ④

2025 年度 東京農業大学稲花小学校 過去 無断複製／転載を禁ずる　日本学習図書株式会社

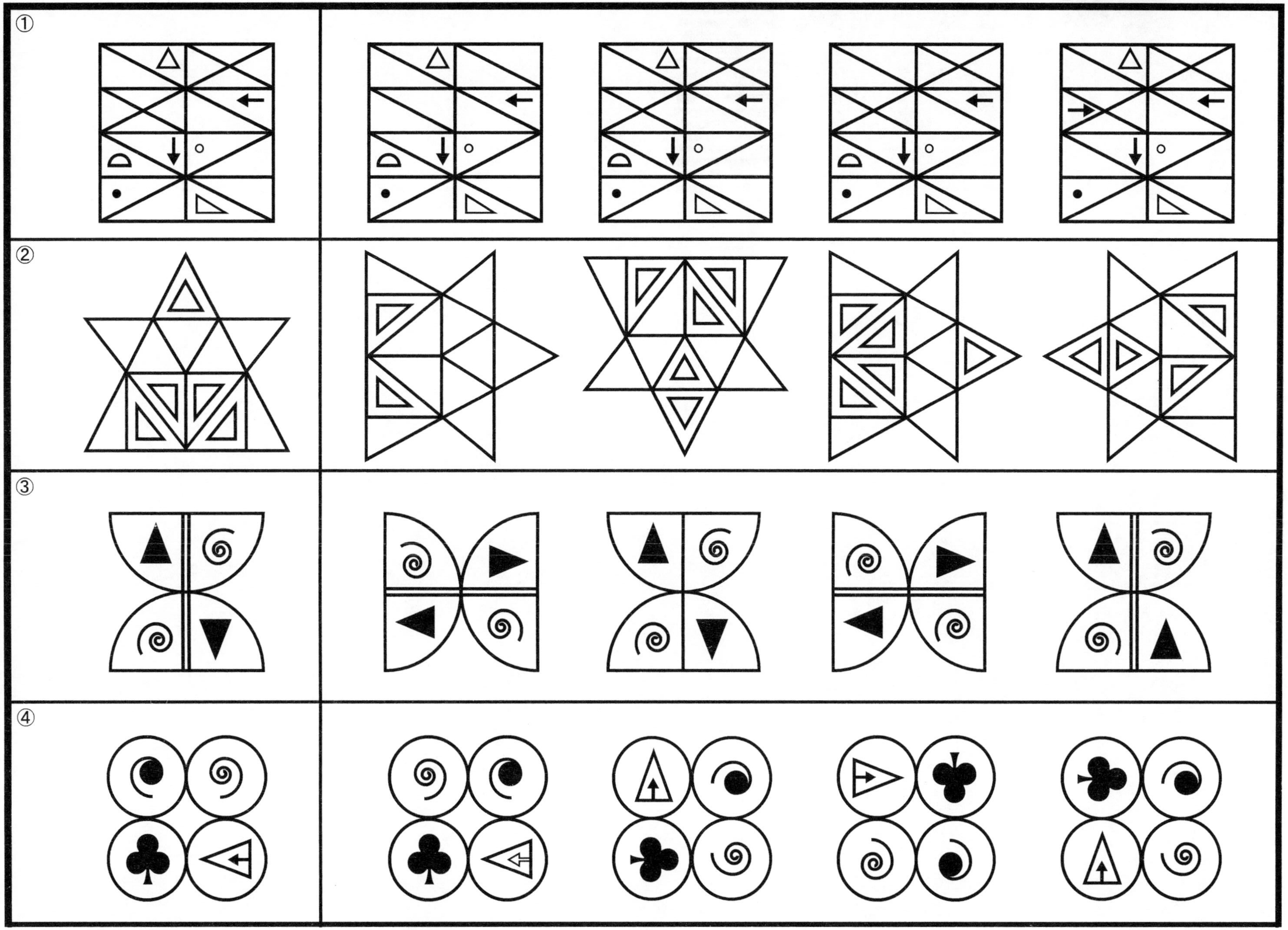

問題２５

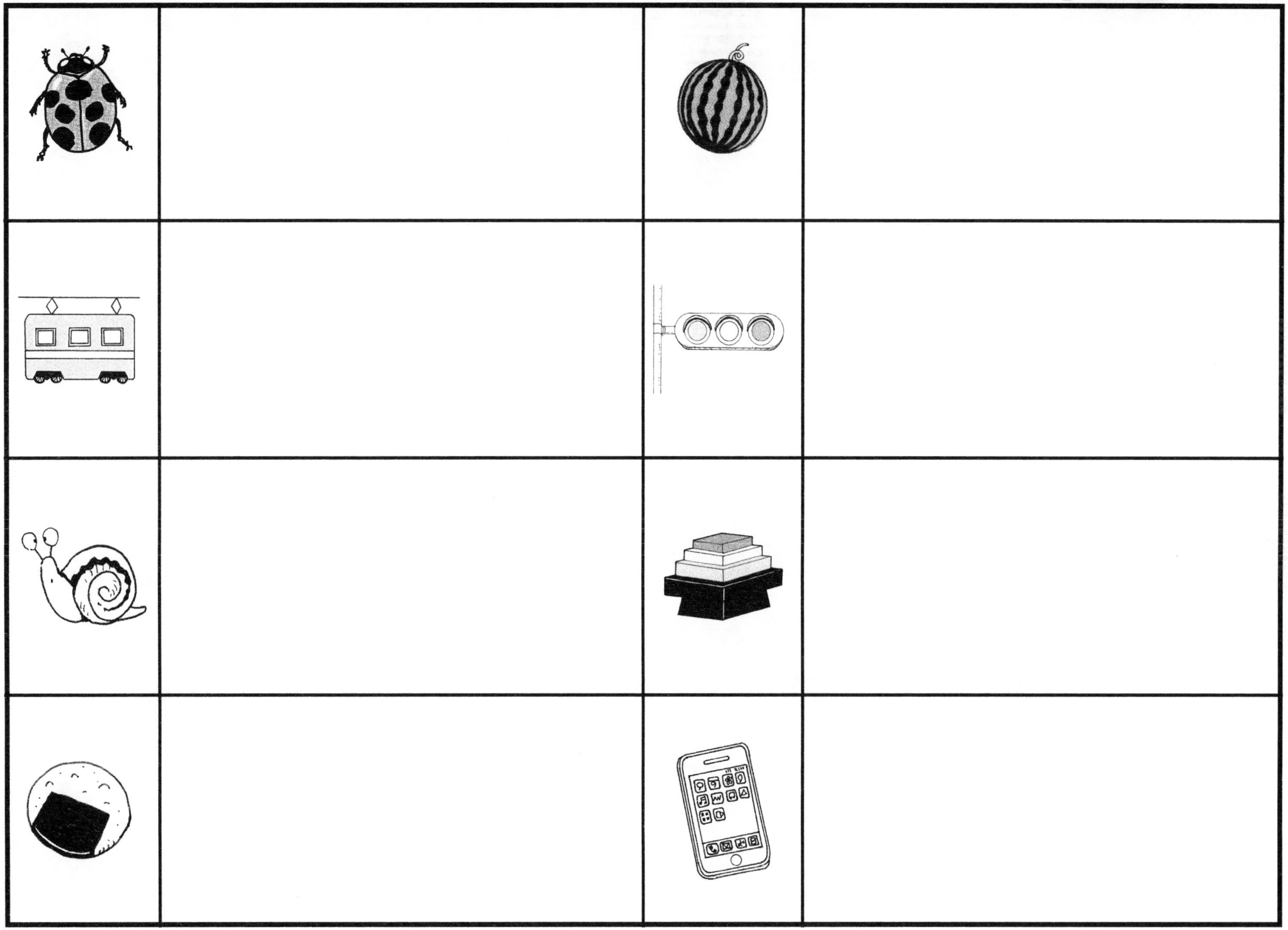

問題２６

2025 年度 東京農業大学稲花小学校 過去 無断複製／転載を禁ずる 日本学習図書株式会社

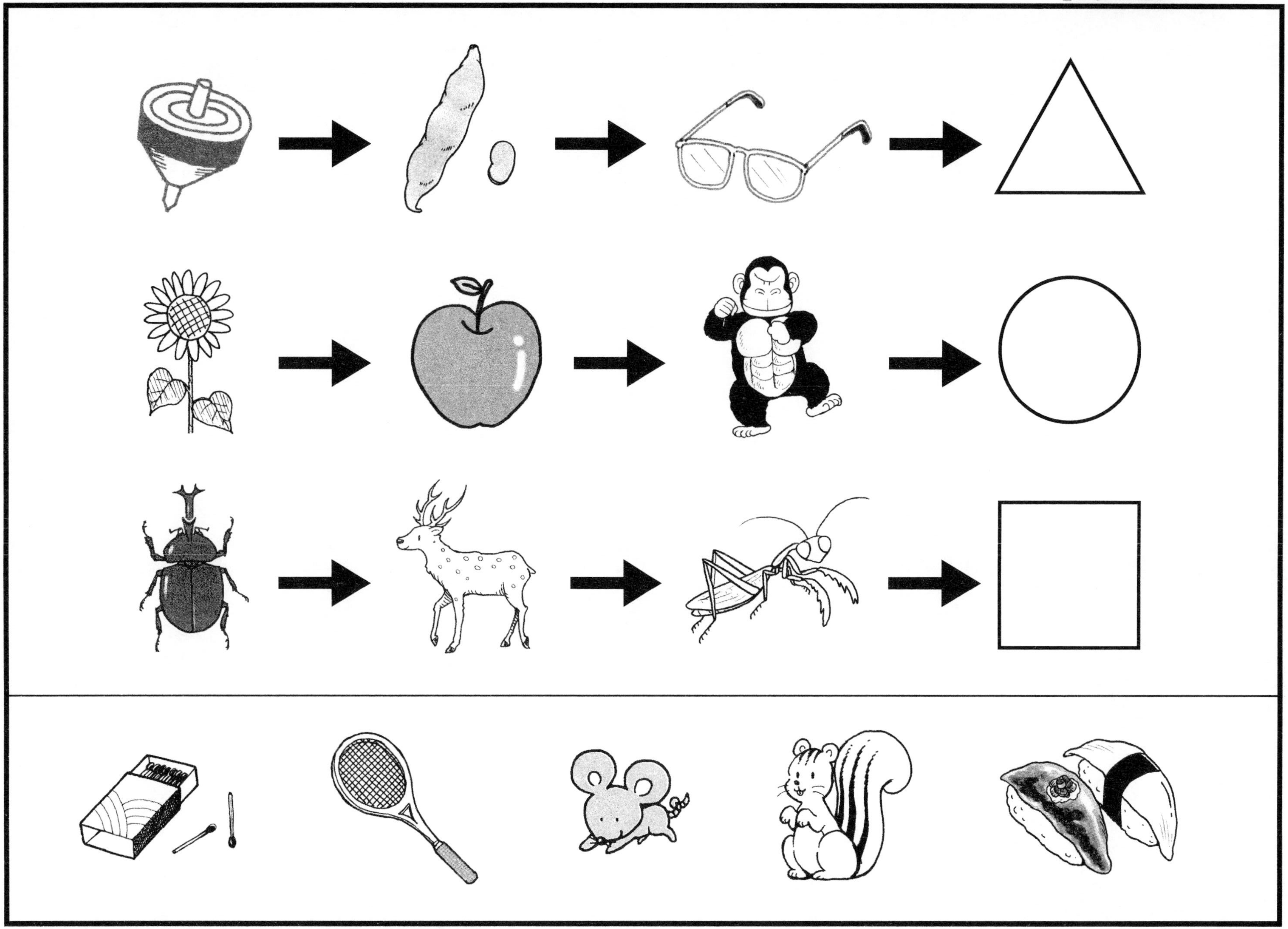

2025 年度 東京農業大学稲花小学校 過去 無断複製／転載を禁ずる 日本学習図書株式会社

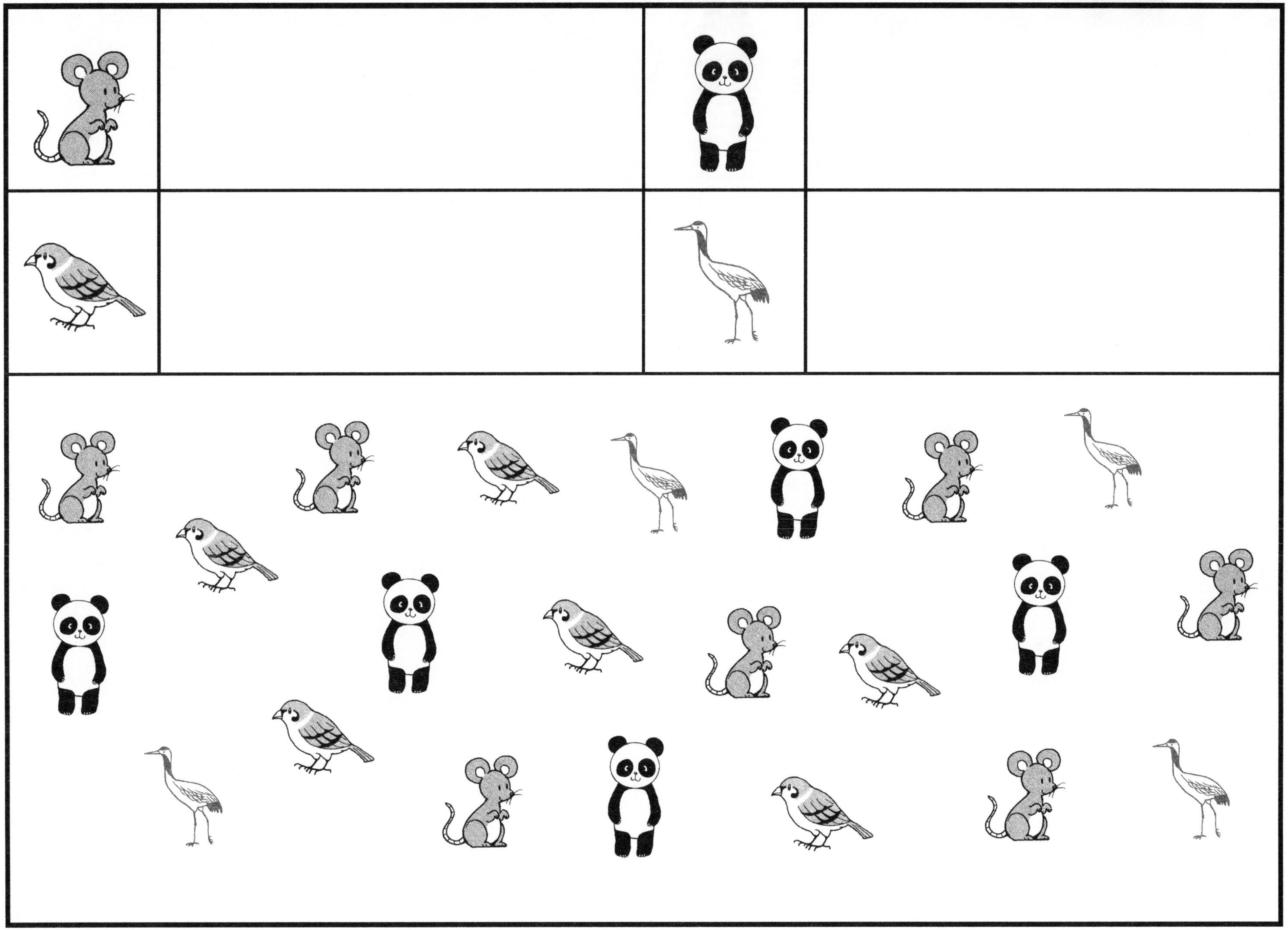

問題２９

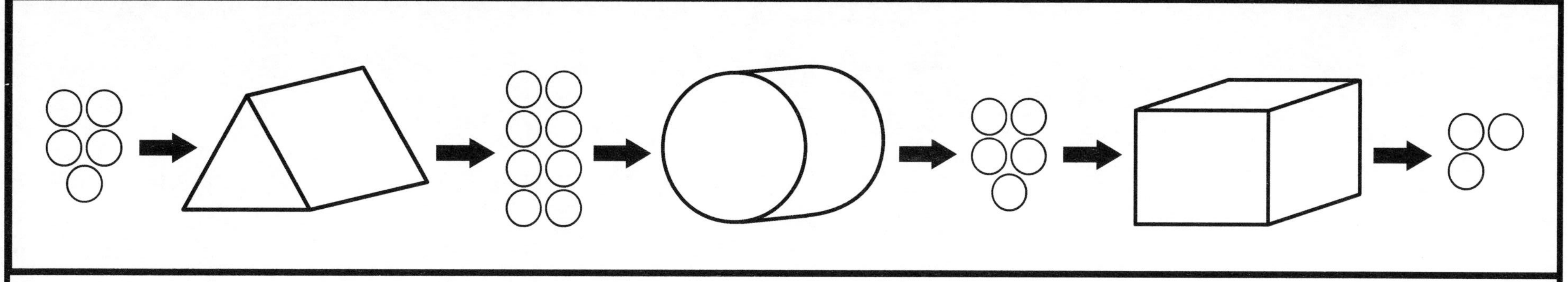

①

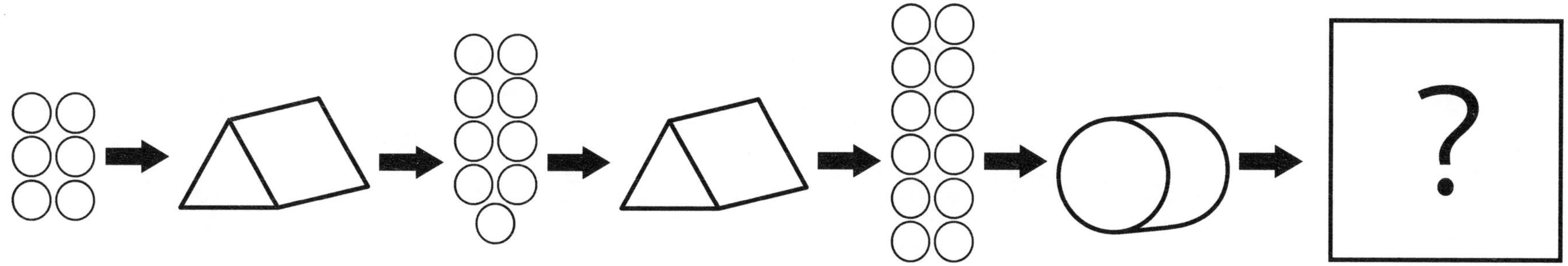

②

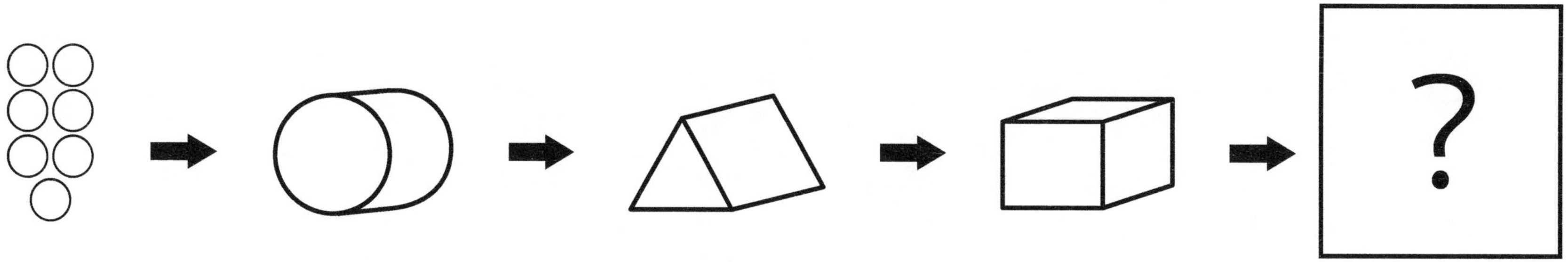

③

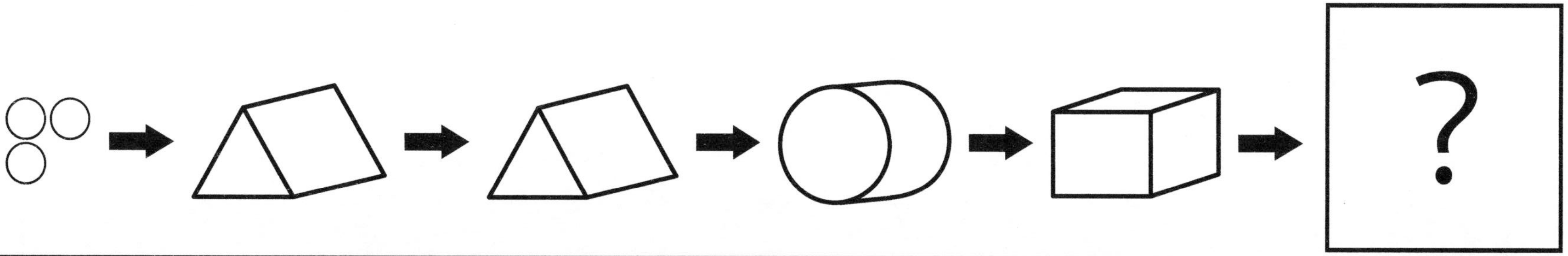

問題31

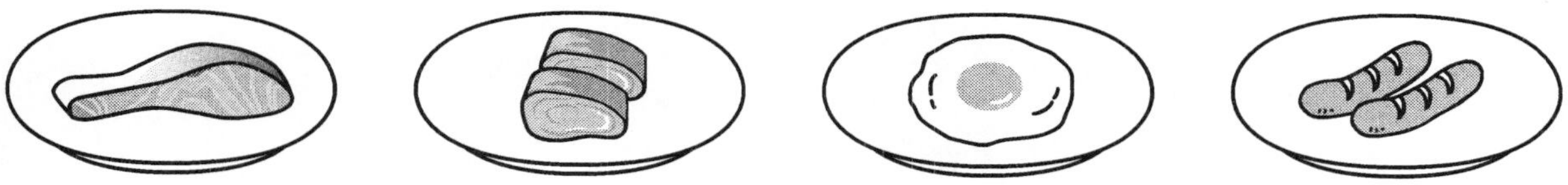

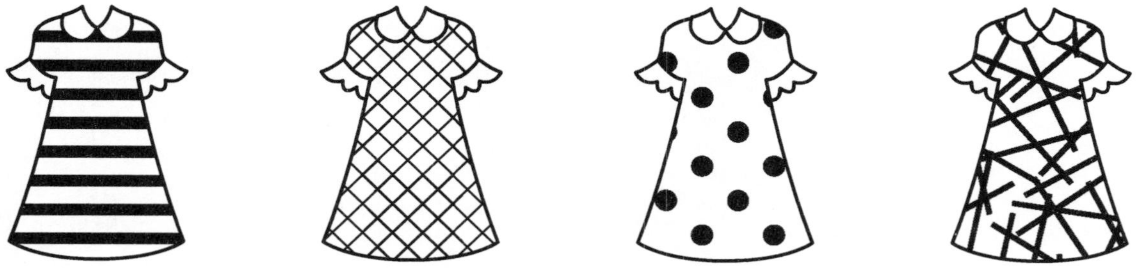

③

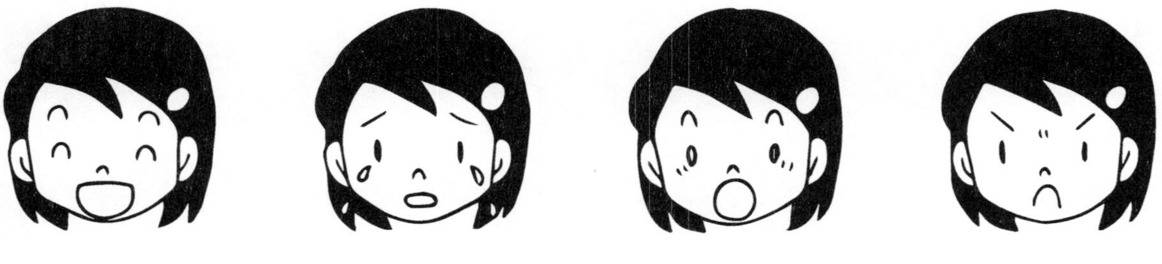

④

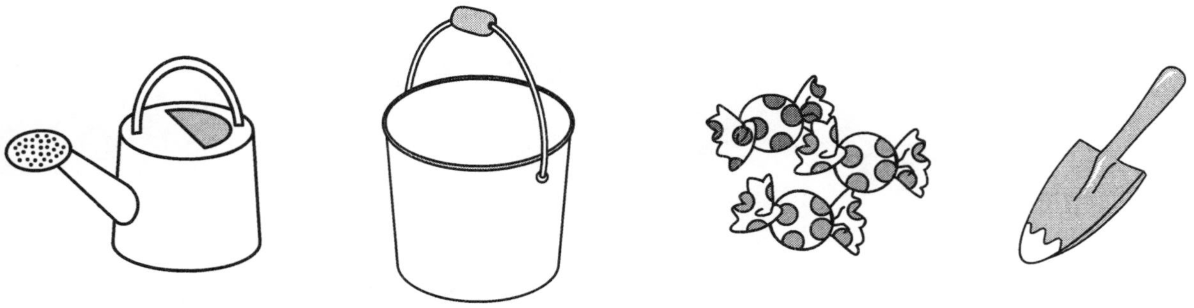

⑤

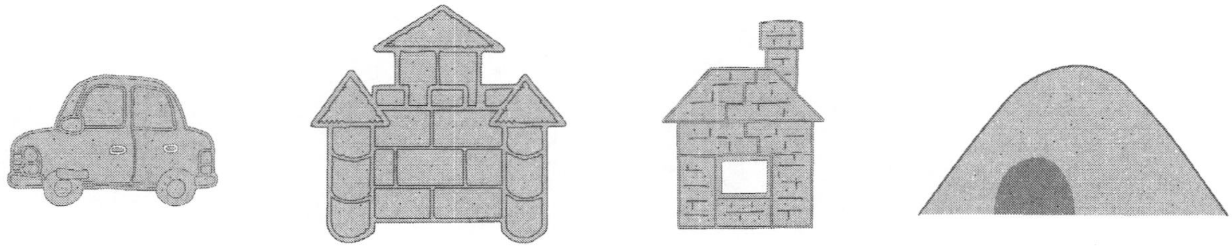

問題 3 4

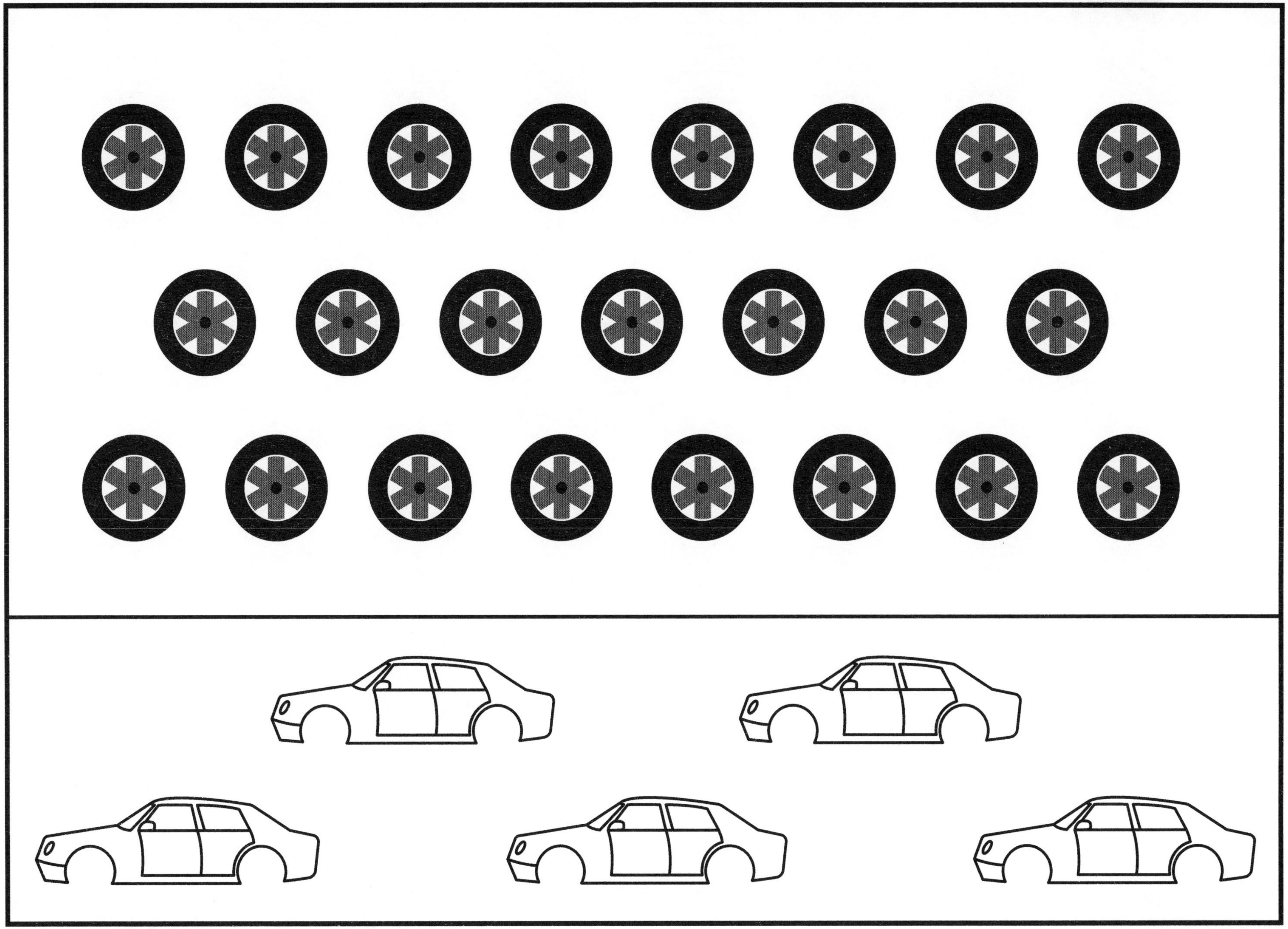

2025年度 東京農業大学稲花小学校 過去 無断複製/転載を禁ずる 日本学習図書株式会社

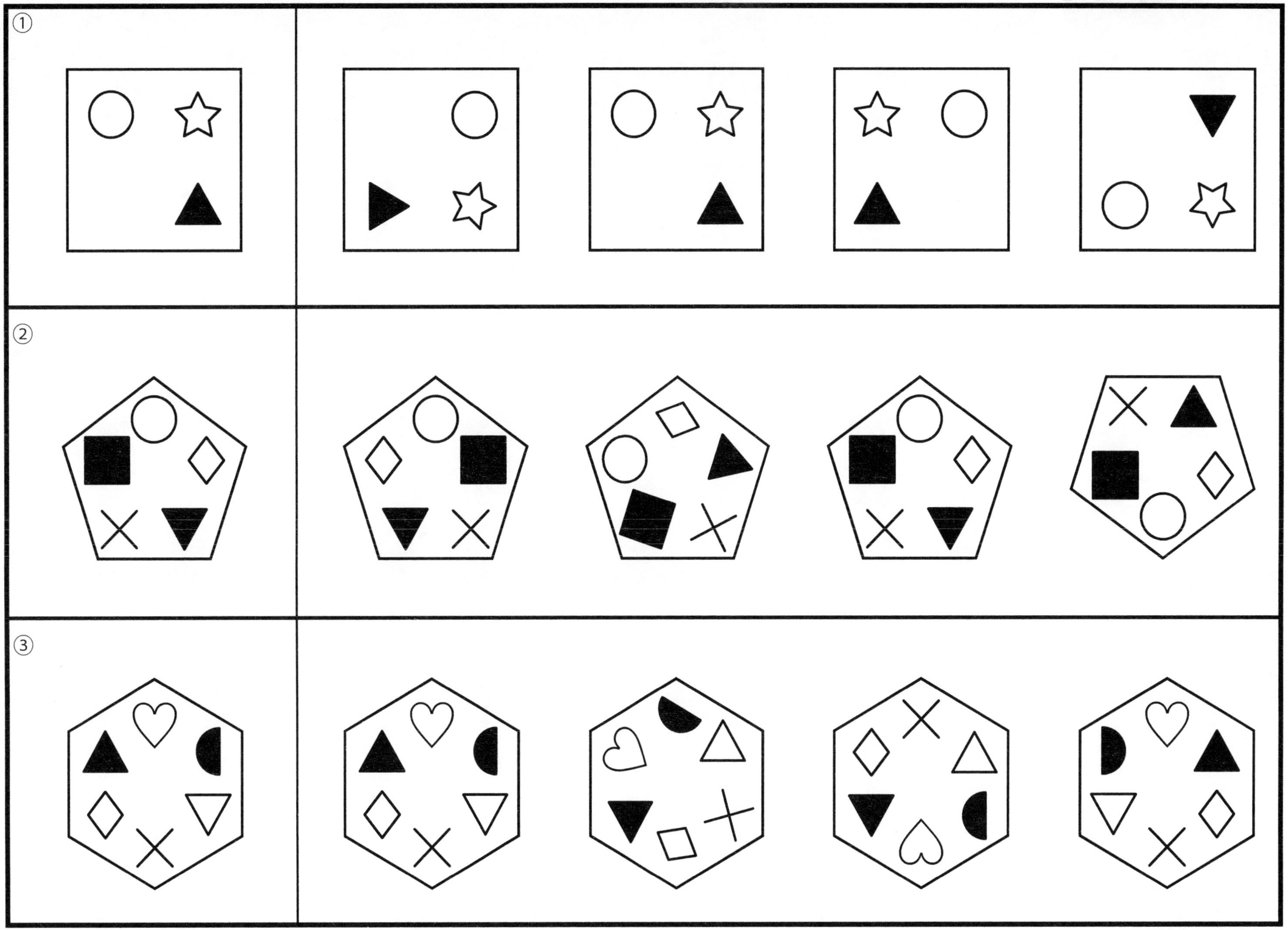

日本学習図書株式会社

2025 年度 東京農業大学稲花小学校 過去 無断複製／転載を禁ずる

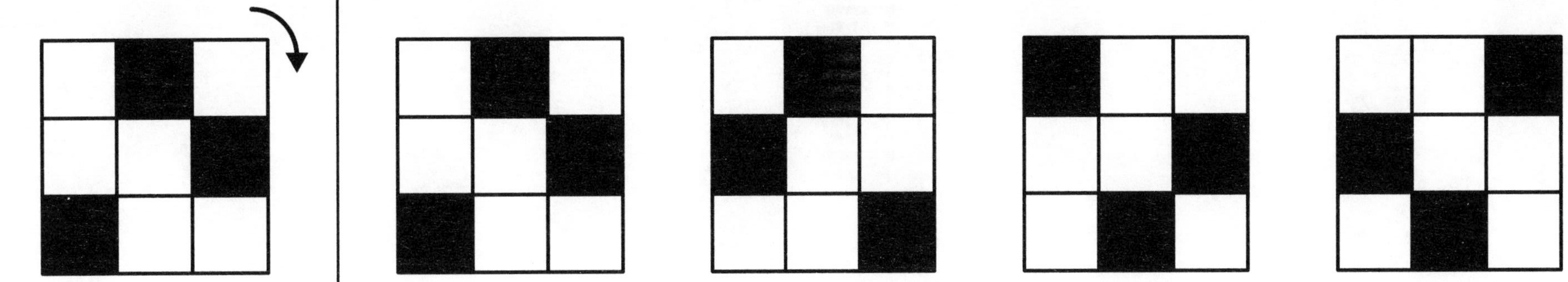

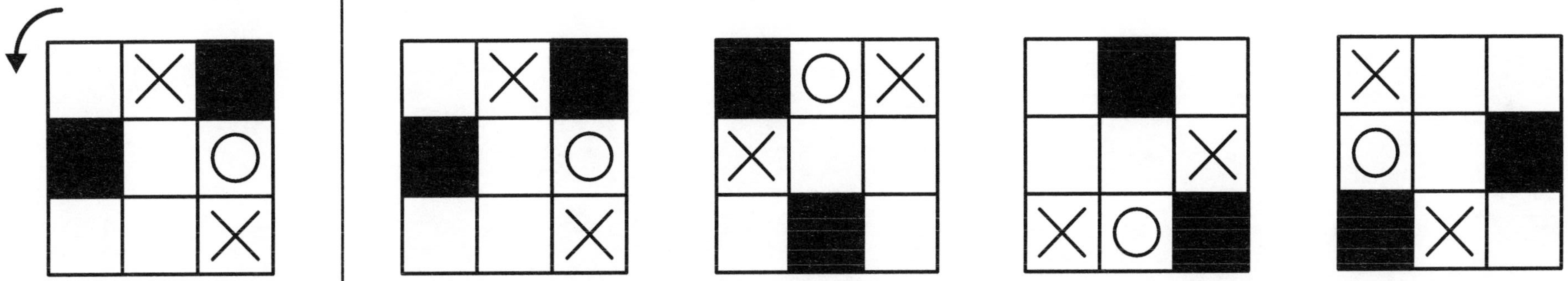

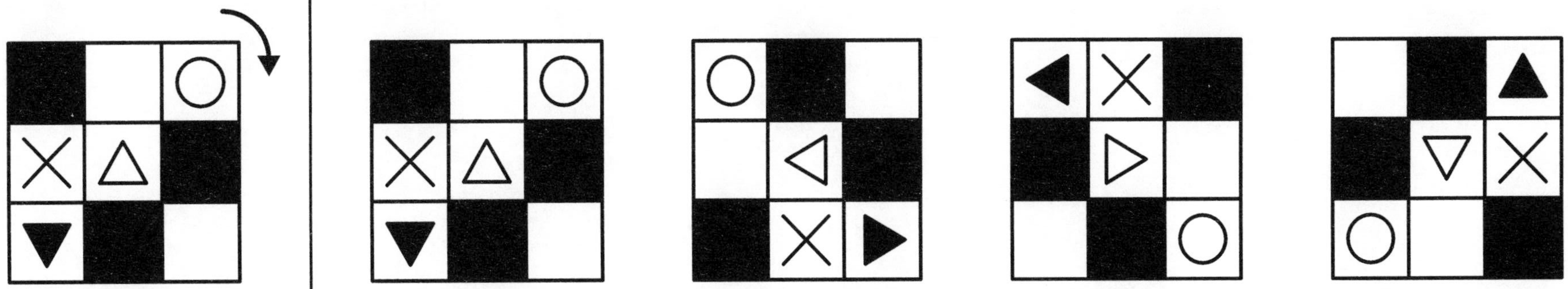

問題37

①

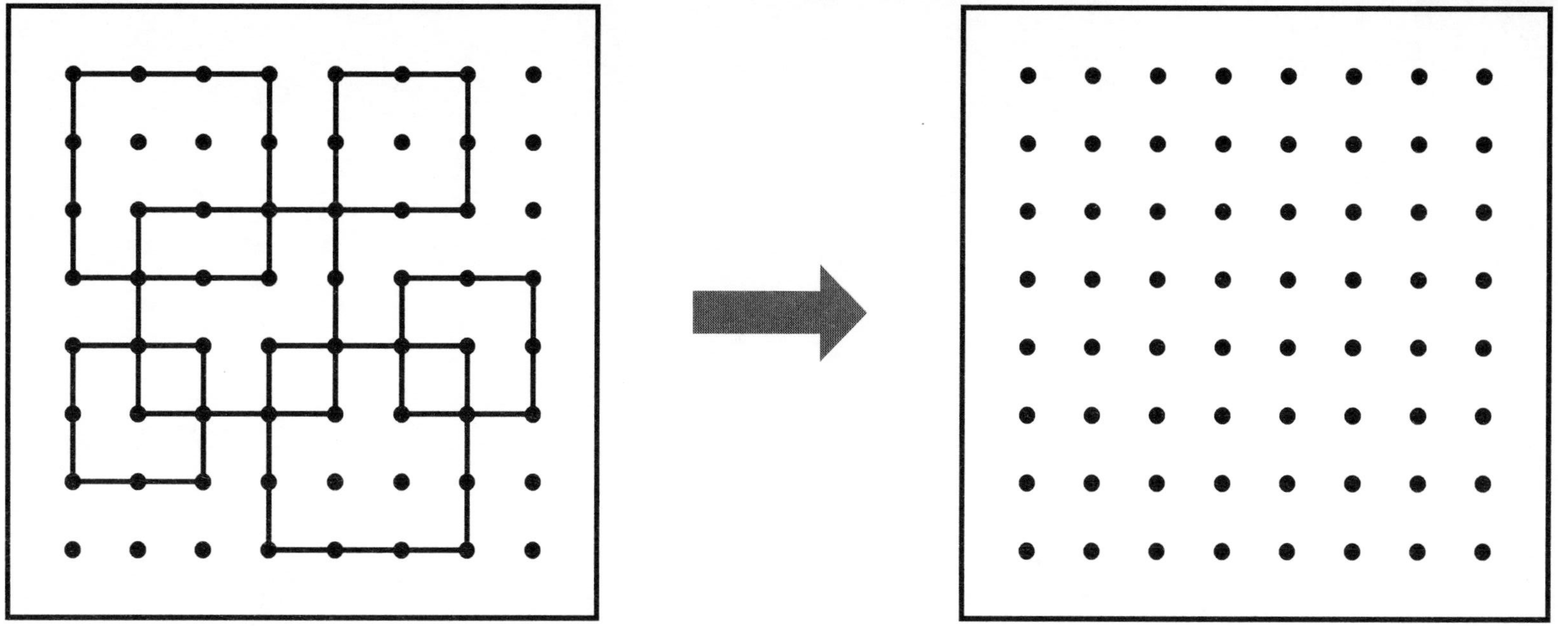

②

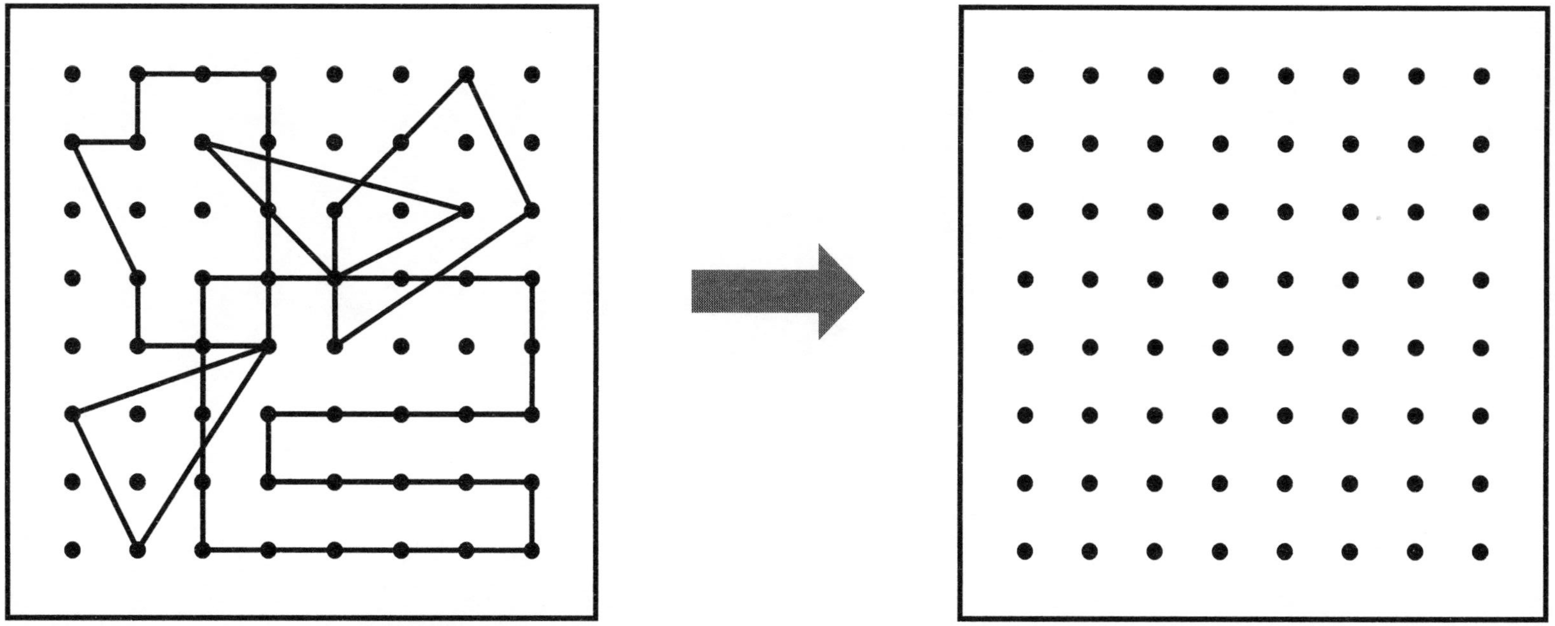

問題38

日本学習図書株式会社

2025 年度 東京農業大学稲花小学校 過去 無断複製／転載を禁ずる

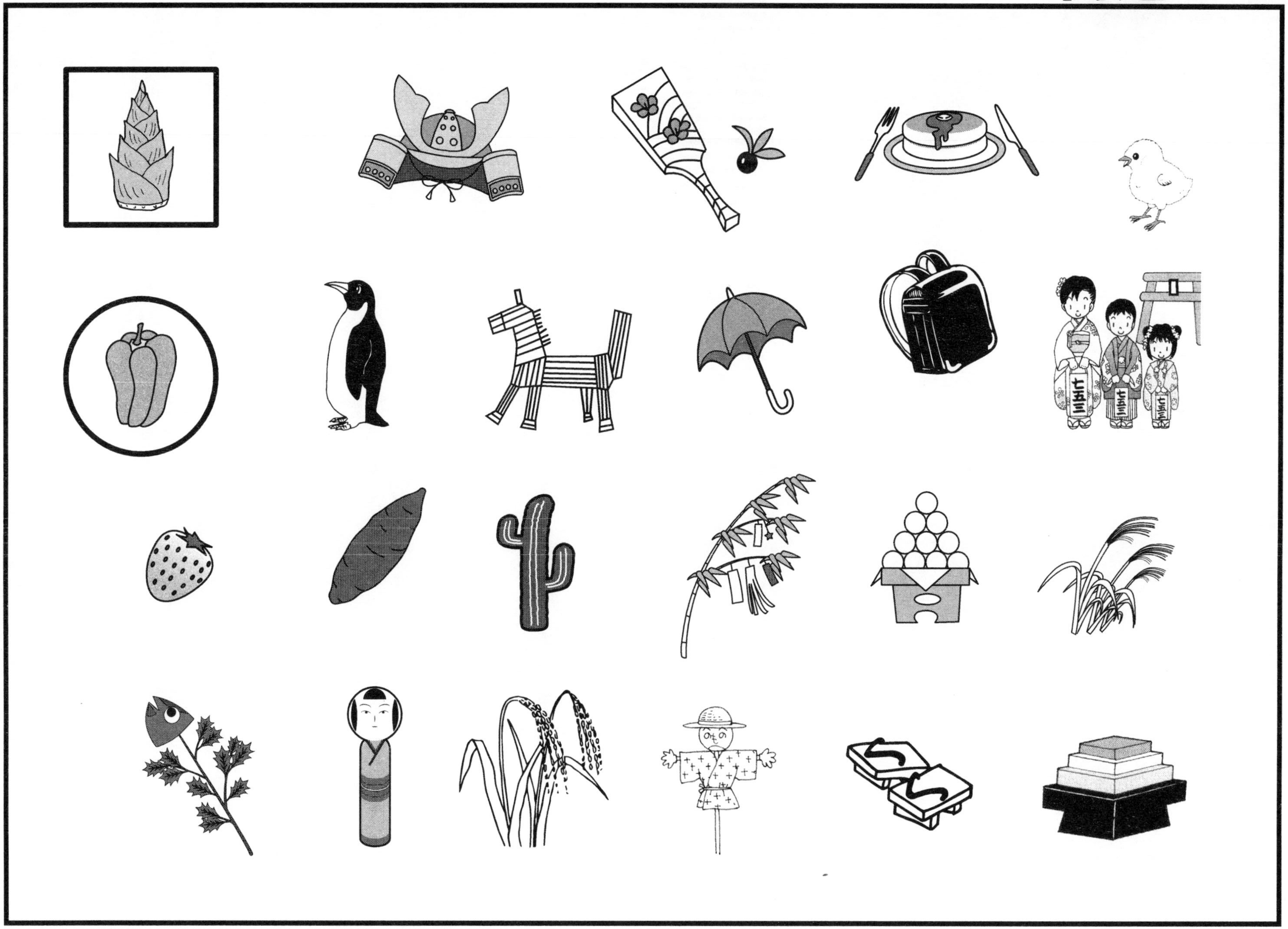

図書カード1000円分プレゼント

ご記入日　　　年　　月　　日

☆国・私立小学校受験アンケート☆

※可能な範囲でご記入下さい。選択肢は○で囲んで下さい。

〈小学校名〉＿＿＿＿＿＿＿＿＿＿＿＿　〈お子さまの性別〉男・女　〈誕生月〉＿＿月

〈その他の受験校〉（複数回答可）＿＿＿＿＿＿＿＿＿＿＿＿＿＿＿＿＿＿

〈受験日〉①：＿＿月＿＿日〈時間〉＿＿時＿＿分　～　＿＿時＿＿分

②：＿＿月＿＿日〈時間〉＿＿時＿＿分　～　＿＿時＿＿分

〈受験者数〉男女計＿＿名　（男子＿＿名　女子＿＿名）

〈お子さまの服装〉＿＿＿＿＿＿＿＿＿＿＿＿＿＿＿＿

〈入試全体の流れ〉（記入例）準備体操→行動観察→ペーパーテスト

＿＿＿＿＿＿＿＿＿＿＿＿＿＿＿＿＿＿＿＿＿＿＿＿

Eメールによる情報提供

日本学習図書では、Eメールでも入試情報を募集しております。
下記のアドレスに、アンケートの内容をご入力の上、メールをお送り下さい。

ojuken@nichigaku.jp

●行動観察　（例）好きなおもちゃで遊ぶ・グループで協力するゲームなど

〈実施日〉＿＿月＿＿日〈時間〉＿＿時＿＿分　～　＿＿時＿＿分〈着替え〉□有　□無

〈出題方法〉□肉声　□録音　□その他（　　　　　）〈お手本〉□有　□無

〈試験形態〉□個別　□集団（　　　人程度）

〈会場図〉

〈内容〉

□自由遊び

＿＿＿＿＿＿＿＿＿＿＿＿＿＿＿＿＿＿＿＿

□グループ活動

＿＿＿＿＿＿＿＿＿＿＿＿＿＿＿＿＿＿＿＿

□その他

＿＿＿＿＿＿＿＿＿＿＿＿＿＿＿＿＿＿＿＿

●運動テスト（有・無）　（例）跳び箱・チームでの競争など

〈実施日〉＿＿月＿＿日〈時間〉＿＿時＿＿分　～　＿＿時＿＿分〈着替え〉□有　□無

〈出題方法〉□肉声　□録音　□その他（　　　　　）〈お手本〉□有　□無

〈試験形態〉□個別　□集団（　　　人程度）

〈会場図〉

〈内容〉

□サーキット運動

□走り　□跳び箱　□平均台　□ゴム跳び

□マット運動　□ボール運動　□なわ跳び

□クマ歩き

□グループ活動＿＿＿＿＿＿＿＿＿＿＿＿＿＿＿＿

□その他＿＿＿＿＿＿＿＿＿＿＿＿＿＿＿＿＿＿

●知能テスト・口頭試問

〈実施日〉＿＿月＿＿日〈時間〉＿＿時＿＿分 ～ ＿＿時＿＿分〈お手本〉□有 □無

〈出題方法〉□肉声 □録音 □その他（　　　　　　）〈問題数〉＿＿枚 ＿＿問

分野	方法	内　　容	詳　細・イ　ラ　ス　ト
（例） お話の記憶	☑筆記 □口頭	動物たちが待ち合わせをする話	（あらすじ） 動物たちが待ち合わせをした。最初にウサギさんが来た。次にイヌくんが、その次にネコさんが来た。最後にタヌキくんが来た。 （問題・イラスト） ３番目に来た動物は誰か 
お話の記憶	□筆記 □口頭		（あらすじ） （問題・イラスト）
図形	□筆記 □口頭		
言語	□筆記 □口頭		
常識	□筆記 □口頭		
数量	□筆記 □口頭		
推理	□筆記 □口頭		
その他	□筆記 □口頭		

日本学習図書株式会社

●制作　(例) ぬり絵・お絵かき・工作遊びなど

〈実施日〉＿＿月＿＿日〈時間〉＿＿時＿＿分　～　＿＿時＿＿分

〈出題方法〉□肉声　□録音　□その他（　　　　　）〈お手本〉□有　□無

〈試験形態〉□個別　□集団（　　　人程度）

材料・道具	制作内容
□ハサミ □のり（□つぼ　□液体　□スティック） □セロハンテープ □鉛筆　□クレヨン（　色） □クーピーペン（　色） □サインペン（　色）□ □画用紙（□ A4　□ B4　□ A3 　□その他：　　　　　） □折り紙　□新聞紙　□粘土 □その他（　　　　　）	□切る　□貼る　□塗る　□ちぎる　□結ぶ　□描く　□その他（　　　　　） タイトル：＿＿＿＿＿＿＿＿＿＿

●面接

〈実施日〉＿＿月＿＿日〈時間〉＿＿時＿＿分　～　＿＿時＿＿分〈面接担当者〉＿＿名

〈試験形態〉□志願者のみ（　　）名　□保護者のみ　□親子同時　□親子別々

〈質問内容〉

※試験会場の様子をご記入下さい。

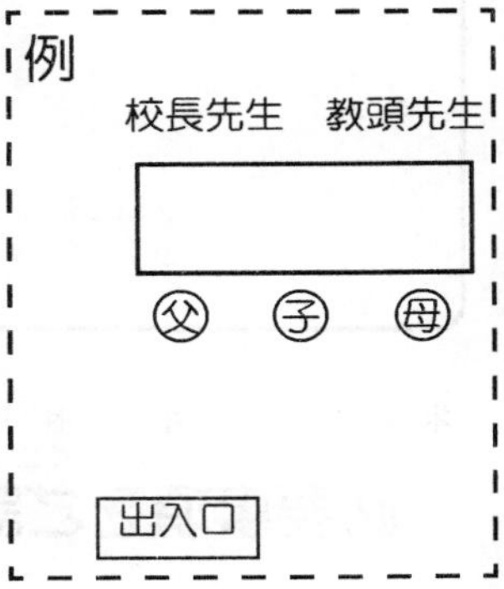

□志望動機　□お子さまの様子

□家庭の教育方針

□志望校についての知識・理解

□その他（　　　　　　　　　　）

（詳　細）

・

・

・

・

●保護者作文・アンケートの提出（有・無）

〈提出日〉□面接直前　□出願時　□志願者考査中　□その他（　　　　　）

〈下書き〉□有　□無

〈アンケート内容〉

（記入例）当校を志望した理由はなんですか（150 字）

●**説明会**（□有　□無）〈開催日〉＿＿月＿＿日〈時間〉＿＿時＿＿分　～　＿＿時＿＿分

〈上履き〉　□要　□不要　〈願書配布〉　□有　□無　〈校舎見学〉　□有　□無

〈ご感想〉

●**参加された学校行事**（複数回答可）

公開授業〈開催日〉＿＿月＿＿日〈時間〉＿＿時＿＿分　～　＿＿時＿＿分

運動会など〈開催日〉＿＿月＿＿日〈時間〉＿＿時＿＿分　～　＿＿時＿＿分

学習発表会・音楽会など〈開催日〉＿＿月＿＿日〈時間〉＿＿時＿＿分　～　＿＿時＿＿分

〈ご感想〉

※是非参加したほうがよいと感じた行事について

●**受験を終えてのご感想、今後受験される方へのアドバイス**

※対策学習（重点的に学習しておいた方がよい分野）、当日準備しておいたほうがよい物など

＊＊＊＊＊＊＊＊＊＊＊＊＊　ご記入ありがとうございました　＊＊＊＊＊＊＊＊＊＊＊＊＊

必要事項をご記入の上、ポストにご投函ください。

なお、本アンケートの送付期限は入試終了後３ヶ月とさせていただきます。また、入試に関する情報の記入量が当社の基準に満たない場合、謝礼の送付ができないことがございます。あらかじめご了承ください。

ご住所：〒＿＿＿＿＿＿＿＿＿＿＿＿＿＿＿＿＿＿

お名前：＿＿＿＿＿＿＿＿＿＿　メール：＿＿＿＿＿＿＿＿＿＿

ＴＥＬ：＿＿＿＿＿＿＿＿＿＿　ＦＡＸ：＿＿＿＿＿＿＿＿＿＿

アンケートのご記入
ありがとうございました

ご記入頂いた個人に関する情報は、当社にて厳重に管理致します。弊社の個人情報取り扱いに関する詳細は、www.nichigaku.jp/policy.php の「個人情報の取り扱い」をご覧下さい。

分野別 小学入試練習帳 ジュニアウォッチャー

1．点・線図形	小学校入試で出題頻度の高い『点・線図形』の模写を、難易度の低いものから段階別に幅広く練習することができるように構成。
2．座標	図形の位置模写という作業を、難易度の低いものから段階別に練習できるように構成。
3．パズル	様々なパズルの問題を難易度の低いものから段階別に練習できるように構成。
4．同図形探し	小学校入試で出題頻度の高い、同図形選びの問題を繰り返し練習できるように構成。
5．回転・展開	図形などを回転、または展開したとき、形がどのように変化するかを学習し、理解を深められるように構成。
6．系列	数、図形などの様々な系列問題を、難易度の低いものから段階別に練習できるように構成。
7．迷路	迷路の問題を繰り返し練習できるように構成。
8．対称	対称に関する問題を４つのテーマに分類し、各テーマごとに問題を段階別に練習できるように構成。
9．合成	図形の合成に関する問題を、難易度の低いものから段階別に練習できるように構成。
10．四方からの観察	もの（立体）を様々な角度から見て、どのように見えるかを推理する問題を段階別に整理し、１つの形式で複数の問題を練習できるように構成。
11．いろいろな仲間	ものや動物、植物の共通点を見つけ、分類していく問題を中心に構成。
12．日常生活	日常生活における様々な問題を６つのテーマに分類し、各テーマごとに一つの問題形式で複数の問題を練習できるように構成。
13．時間の流れ	『時間』に着目し、様々なものごとは、時間が経過するとどのように変化するのかということを学習し、理解できるように構成。
14．数える	様々なものを『数える』ことから、数の多少の判定やかけ算、わり算の基礎までを練習できるように構成。
15．比較	比較に関する問題を５つのテーマ（数、高さ、長さ、量、重さ）に分類し、各テーマごとに問題を段階別に練習できるように構成。
16．積み木	数える対象を積み木に限定した問題集。
17．言葉の音遊び	言葉の音に関する問題を５つのテーマに分類し、各テーマごとに問題を段階別に練習できるように構成。
18．いろいろな言葉	表現力をより豊かにするいろいろな言葉として、擬態語や擬声語、同音異義語、反意語、数詞を取り上げた問題集。
19．お話の記憶	お話を聴いてその内容を記憶、理解し、設問に答える形式の問題集。
20．見る記憶・聴く記憶	「見て憶える」「聴いて憶える」という『記憶』分野に特化した問題集。
21．お話作り	いくつかの絵を元にしてお話を作る練習をして、想像力を養うことができるように構成。
22．想像画	描かれてある形や景色に好きな絵を描くことにより、想像力を養うことができるように構成。
23．切る・貼る・塗る	小学校入試で出題頻度の高い、はさみやのりなどを用いた巧緻性の問題を繰り返し練習できるように構成。
24・絵画	小学校入試で出題頻度の高い、お絵かきやぬり絵などクレヨンやクーピーペンを用いた巧緻性の問題を繰り返し練習できるように構成。
25．生活巧緻性	小学校入試で出題頻度の高い日常生活の様々な場面における巧緻性の問題集。
26．文字・数字	ひらがなの清音、濁音、拗音、拗長音、促音と１～20までの数字に焦点を絞り、練習できるように構成。
27．理科	小学校入試で出題頻度が高くなりつつある理科の問題を集めた問題集。
28．運動	出題頻度の高い運動問題を種目別に分けて構成。
29．行動観察	項目ごとに問題提起をし、「このような時はどうか、あるいはどう対処するのか」の観点から問いかける形式の問題集。
30．生活習慣	学校から家庭に提起された問題と思って、一問一問絵を見ながら話し合い、考える形式の問題集。

31．推理思考	数、量、言語、常識（含理科、一般）など、諸々のジャンルから問題を構成し、近年の小学校入試問題傾向に沿って構成。
32．ブラックボックス	箱や筒の中を通ると、どのようなお約束でどのように変化するかを推理・思考する問題集。
33．シーソー	重さの違うものをシーソーに乗せた時どちらに傾くのか、またどうすればシーソーは釣り合うのかを思考する基礎的な問題集。
34．季節	様々な行事や植物などを季節別に分類できるように知識をつける問題集。
35．重ね図形	小学校入試で頻繁に出題されている「図形を重ね合わせてできる形」についての問題を集めました。
36．同数発見	様々な物を数え「同じ数」を発見し、数の多少の判断や数の認識の基礎を学べるように構成した問題集。
37．選んで数える	数の学習の基本となる、いろいろなものの数を正しく数える学習を行う問題集。
38．たし算・ひき算１	数字を使わず、たし算とひき算の基礎を身につけるための問題集。
39．たし算・ひき算２	数字を使わず、たし算とひき算の基礎を身につけるための問題集。
40．数を分ける	数を等しく分ける問題です。等しく分けたときに余りが出るものもあります。
41．数の構成	ある数がどのような数で構成されているか学んでいきます。
42．一対多の対応	一対一の対応から、一対多の対応まで、かけ算の考え方の基礎学習を行います。
43．数のやりとり	あげたり、もらったり、数の変化をしっかりと学びます。
44．見えない数	指定された条件から数を導き出します。
45．図形分割	図形の分割に関する問題集。パズルや合成の分野にも通じる様々な問題を集めました。
46．回転図形	「回転図形」に関する問題集。やさしい問題から始め、いくつかの代表的なパターンから、段階を踏んで学習できるよう編集されています。
47．座標の移動	「マス目の指示通りに移動する問題」と「指示された数だけ移動する問題」を収録。
48．鏡図形	鏡で左右反転させた時の見え方を考えます。平面図形から立体図形、文字、絵まで。
49．しりとり	すべての学習の基礎となる「言葉」を学ぶこと、特に「語彙」を増やすことに重点をおき、さまざまなタイプの「しりとり」問題を集めました。
50．観覧車	観覧車やメリーゴーラウンドなどを舞台にした「回転系列」の問題集。「推理思考」分野の問題ですが、要素として「図形」や「数量」も含みます。
51．運筆①	鉛筆の持ち方を学び、点線なぞり、お手本を見ながらの模写で、線を引く練習をします。
52．運筆②	運筆①からさらに発展し、「欠所補完」や「迷路」などを楽しみながら、より複雑な鉛筆運びを習得することを目指します。
53．四方からの観察 積み木編	積み木を使用した「四方からの観察」に関する問題を練習できるように構成。
54．図形の構成	見本の図形がどのような部分によって形づくられているかを考えます。
55．理科②	理科的知識に関する問題を集中して練習する「常識」分野の問題集。
56．マナーとルール	道路や駅、公共の場でのマナー、安全や衛生に関する常識を学べるように構成。
57．置き換え	さまざまな具体的・抽象的事象を記号で表す「置き換え」の問題を扱います。
58．比較②	長さ・高さ・体積・数などを数学的な知識を使わず、論理的に推測する「比較」の問題を練習できるように構成。
59．欠所補完	線と線のつながり、欠けた絵に当てはまるものなどを求める「欠所補完」に取り組める問題集です。
60．言葉の音（おん）	しりとり、決まった順番の音をつなげるなど、「言葉の音」に関する問題に取り組める練習問題集です。

『読み聞かせ』×『質問』＝『聞く力』

お話の記憶の練習に最適

1話5分の読み聞かせお話集①②

「アラビアン・ナイト」「アンデルセン童話」「イソップ寓話」「グリム童話」、日本や各国の民話、昔話、偉人伝の中から、教育的な物語や、過去に小学校入試でも出題された有名なお話を中心に掲載。お話ごとに、内容に関連したお子さまへの質問も掲載しています。「読み聞かせ」を通して、お子さまの『聞く力』を伸ばすことを目指します。

①巻・②巻　各48話

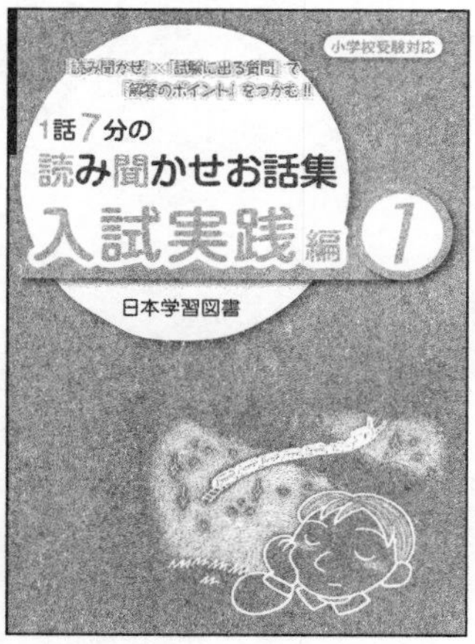

1話7分の読み聞かせお話集 入試実践編①

国立・私立小学校受験対応

最長1,700文字の長文のお話を掲載。有名でない＝「聞いたことのない」お話を聞くことで、『集中力』のアップを目指します。設問も、実際の試験を意識した設問としています。ペーパーテスト実施校の多くが「お話の記憶」の問題を出題します。毎日の「読み聞かせ」と「試験に出る質問」で、「解答のポイント」をつかんで臨みましょう！

50話収録

ニチガクの　この5冊で受験準備も万全！

小学校受験入門 願書の書き方から面接まで　リニューアル版

主要私立・国立小学校の願書・面接内容を中心に、学校選びや入試の分野傾向、服装コーディネート、持ち物リストなども網羅し、受験準備全体をサポートします。

小学校受験で知っておくべき125のこと

小学校受験の基本から怪しい「ウワサ」まで、保護者の方々からの 125 の質問にていねいに解答。目からウロコのお受験本。

新　小学校受験の入試面接Q＆A　リニューアル版

過去十数年に遡り、面接での質問内容を網羅。小学校別、父親・母親・志願者別、さらに学校のこと・志望動機・お子さまについてなど分野ごとに模範解答例やアドバイスを掲載。

新　願書・アンケート文例集 500　リニューアル版

有名私立小、難関国立小の願書やアンケートに記入するための適切な文例を、質問の項目別に収録。合格を掴むためのヒントが満載！願書を書く前に、ぜひ一度お読みください。

小学校受験に関する保護者の悩みQ＆A

保護者の方約 1,000 人に、学習・生活・躾に関する悩みや問題を取材。その中から厳選した 200 例以上の悩みに、「ふだんの生活」と「入試直前」のアドバイス２本立てで悩みを解決。

日本学習図書株式会社

東京農業大学稲花小学校　専用注文書

年　　月　　日

合格のための問題集ベスト・セレクション

＊入試頻出分野ベスト３

1st 図　形　　観察力　思考力

2nd 数　量　　観察力　思考力

3rd お話の記憶　　聞く力　集中力

当校のペーパーテストは解答時間が短いので、素早く考えることが求められます。その上、点図形などでは、書き写すスピードも必要になってくるので、効率よく作業することもポイントになります。

分野	書　名	価格(税込)	注文	分野	書　名	価格(税込)	注文
図形	Ｊｒ・ウォッチャー１「点・線図形」	1,650 円	冊	図形	Ｊｒ・ウォッチャー 46「回転図形」	1,650 円	冊
図形	Ｊｒ・ウォッチャー２「座標」	1,650 円	冊	図形	Ｊｒ・ウォッチャー 47「座標の移動」	1,650 円	冊
図形	Ｊｒ・ウォッチャー３「パズル」	1,650 円	冊	図形	Ｊｒ・ウォッチャー 48「鏡図形」	1,650 円	冊
図形	Ｊｒ・ウォッチャー５「回転・展開」	1,650 円	冊	巧緻性	Ｊｒ・ウォッチャー 51「運筆①」	1,650 円	冊
図形	Ｊｒ・ウォッチャー８「対称」	1,650 円	冊	巧緻性	Ｊｒ・ウォッチャー 52「運筆②」	1,650 円	冊
常識	Ｊｒ・ウォッチャー 12「日常生活」	1,650 円	冊	図形	Ｊｒ・ウォッチャー 54「図形の構成」	1,650 円	冊
数量	Ｊｒ・ウォッチャー 14「数える」	1,650 円	冊	知識	Ｊｒ・ウォッチャー 55「理科②」	1,650 円	冊
記憶	Ｊｒ・ウォッチャー 19「お話の記憶」	1,650 円	冊	常識	Ｊｒ・ウォッチャー 56「マナーとルール」	1,650 円	冊
記憶	Ｊｒ・ウォッチャー 21「お話作り」	1,650 円	冊		NEW ウォッチャーズ「私立図形②」	2,200 円	冊
記憶	Ｊｒ・ウォッチャー 22「想像画」	1,650 円	冊		お話の記憶問題集 初級編・中級編・上級編	2,200 円	各　冊
巧緻性	Ｊｒ・ウォッチャー 24「絵画」	1,650 円	冊		新・口頭試問個別テスト問題集	2,750 円	冊
知識	Ｊｒ・ウォッチャー 27「理科」	1,650 円	冊		家庭で行う面接テスト問題集	2,200 円	冊
観察	Ｊｒ・ウォッチャー 29「行動観察」	1,650 円	冊		保護者のための入試面接最強マニュアル	2,200 円	冊
図形	Ｊｒ・ウォッチャー 45「図形分割」	1,650 円	冊		１話５分の読み聞かせお話集①・②	1,980 円	冊

合計	冊	円

（フリガナ） 氏　名	電　話 ＦＡＸ E-mail
住 所　〒　　　－	以前にご注文されたことはございますか。 有　・　無

★お近くの書店、または記載の電話・FAX・ホームページにてご注文をお受けしております。
電話：03-5261-8951　FAX：03-5261-8953　代金は書籍合計金額＋送料がかかります。
※なお、落丁・乱丁以外の理由による商品の返品・交換には応じかねます。
★ご記入頂いた個人に関する情報は、当社にて厳重に管理致します。なお、ご購入の商品発送の他に、当社発行の書籍案内、書籍に関する調査に使用させて頂く場合がございますので、予めご了承ください。

日本学習図書株式会社
http://www.nichigaku.jp

家庭学習をトータルサポート！ ニチガクのオリジナル 効果的 学習法

1 まずは アドバイスページを読む！

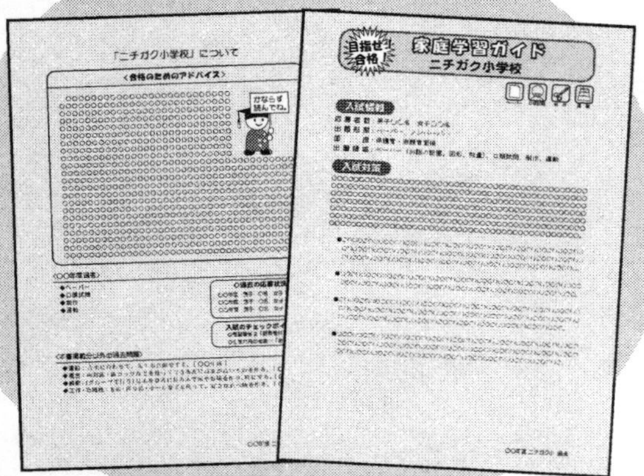

ピンク色です

対策や試験ポイントがぎっしりつまった「家庭学習ガイド」。しっかり読んで、試験の傾向をおさえよう！

2 問題をすべて読み、出題傾向を把握する

3 「学習のポイント」で学校側の観点や問題の解説を熟読

4 はじめて過去問題にチャレンジ！

5 プラスα 対策問題集や類題で力を付ける

過去問のこだわり

最新問題は問題ページ、イラストページ、解答・解説ページが独立しており、お子さまにすぐに取り掛かっていただける作りになっています。
ニチガクの学校別問題集ならではの、学習法を含めたアドバイスを利用して効率のよい家庭学習を進めてください。

各問題のジャンル

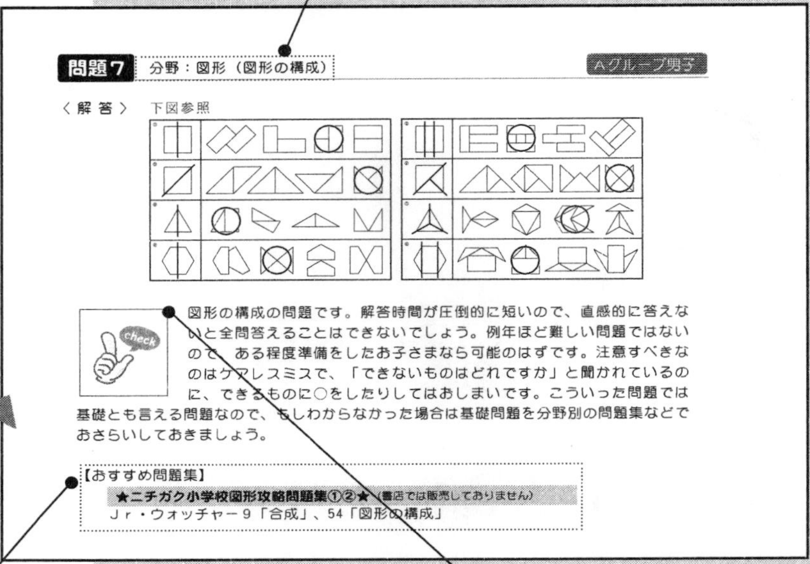
問題7 分野：図形（図形の構成） Aグループ男子

〈解 答〉 下図参照

図形の構成の問題です。解答時間が圧倒的に短いので、直感的に答えないと全問答えることはできないでしょう。例年ほど難しい問題ではないので、ある程度準備をしたお子さまなら可能のはずです。注意すべきなのはケアレスミスで、「できないものはどれですか」と聞かれているのに、できるものに○をしたりしてはおしまいです。こういった問題では基礎とも言える問題なので、もしわからなかった場合は基礎問題を分野別の問題集などでおさらいしておきましょう。

【おすすめ問題集】
★ニチガク小学校図形攻略問題集①②★（書店では販売しておりません）
Ｊｒ・ウォッチャー９「合成」、54「図形の構成」

学習のポイント

各問題の解説や学校の観点、指導のポイントなどを教えます。
今日から保護者の方が家庭学習の先生に！

おすすめ対策問題集

分野ごとに対策問題集をご紹介。苦手分野の克服に最適です！
＊専用注文書付き。

2025年度版 東京農業大学稲花小学校 過去問題集

発行日 2024年3月15日
発行所 〒162-0821 東京都新宿区津久戸町3-11-9F
日本学習図書株式会社
電 話 03-5261-8951 ㈹

ISBN978-4-7761-5563-8
C6037 ¥2100E
9784776155638
定価2,310円
（本体2,100円＋税10%）
1926037021001